当代大学生就业能力培养与管理研究

詹 斌 王 晨 ◎著

中国纺织出版社有限公司

内 容 提 要

本书以大学生就业能力培养为主线，通过对当前大学毕业生就业现状与大学生就业问题的性质分析，提出了解决大学生就业问题的新思路，以便为相关决策的制定提供理论支持。首先，书中对大学生就业的研究背景及相关概念做了简要概述；其次，对大学生就业能力、就业能力开发要素与求职策略依次展开论述；最后，对大学生就业能力培养机制的构建、当代大学生创新型人才培养途径几个方面展开了系统而全面的研究。本书面向当代大学毕业生就业的实际需要，对于提高大学生就业能力具有指导意义。

图书在版编目（CIP）数据

当代大学生就业能力培养与管理研究 / 詹斌，王晨著. -- 北京：中国纺织出版社有限公司，2024. 6.
ISBN 978-7-5229-1934-8
I. G647.38
中国国家版本馆 CIP 数据核字第 2024Y37Z42 号

责任编辑：张　宏　　责任校对：王花妮　　责任印制：储志伟

中国纺织出版社有限公司出版发行
地址：北京市朝阳区百子湾东里 A407 号楼　邮政编码：100124
销售电话：010—67004422　传真：010—87155801
http://www.c-textilep.com
中国纺织出版社天猫旗舰店
官方微博 http：//weibo.com/2119887771
河北延风印务有限公司印刷　各地新华书店经销
2024 年 6 月第 1 版第 1 次印刷
开本：787×1092　1/16　印张：11.5
字数：200 千字　定价：98.00 元

凡购本书，如有缺页、倒页、脱页，由本社图书营销中心调换

前言

随着高校的扩招，毕业生的人数屡创新高，这在一定程度上加大了毕业生的就业难度。面对日益激烈的竞争，对大学生而言，必须提前做好准备，从而使自己在竞争中脱颖而出；对各高校而言，也应该做好毕业生的就业指导工作，从而提高本校的就业率。

立足新发展阶段，贯彻新发展理念，构建新发展格局，是以习近平同志为核心的党中央作出的重大战略决策。大学生是国家的未来、民族的希望，其就业能力培养不仅关系着个人事业发展，还深刻影响着以国内大循环为主体、国内国际双循环相互促进的新发展格局的构建。

本书以大学生就业指导和大学生就业能力为主线，以解决中国大学毕业生就业困难为核心，通过对中国当前大学毕业生就业现状与大学生就业问题的性质分析，提出了解决中国大学生就业问题的新思路，以期为相关决策的制定提供理论支持。本书先阐述了大学生就业能力问题研究的背景、相关的理论成果，随后较清晰地界定了大学生就业能力的内涵和就业能力结构，在这些研究的基础上，分析了影响大学生就业能力的多个层面的因素，并对这些因素进行了深入剖析，最后提出了高校大学生就业能力的开发路径及其实施措施。

本书的撰写得到了许多专家学者的帮助和指导，在此表示诚挚的谢意。由于笔者水平有限，加之时间仓促，书中涉及的内容难免有疏漏与不够严谨之处，希望各位读者多提宝贵意见，以待进一步修改，使之更加完善。

著　者

2024 年 3 月

目 录

第一章 大学生就业概述 ·· 1
    第一节 大学生自我分析与定位 ································ 1
    第二节 大学生就业认知 ·· 12
    第三节 就业市场形势 ·· 20

第二章 大学生就业能力基本内涵 ································ 27
    第一节 就业能力概述 ·· 27
    第二节 提升大学生就业能力的意义 ·························· 32
    第三节 职业能力与就业素质 ·································· 38

第三章 大学生就业形势及就业途径 ······························ 53
    第一节 大学生就业形势 ······································ 53
    第二节 大学生就业法规 ······································ 58
    第三节 就业协议与就业权益 ·································· 62
    第四节 大学生就业途径 ······································ 73

第四章 大学生就业能力开发要素解析 ···························· 81
    第一节 大学生就业能力开发要素的理论构建 ················ 81
    第二节 基于实践的大学生就业能力开发要素解析 ············ 84
    第三节 大学生就业能力开发要素的界定 ···················· 91

第五章 当代大学生求职策略 ····································· 95
    第一节 树立科学的就业价值观 ······························ 95
    第二节 求职过程中的心理调适 ······························ 100

第六章　当代大学生就业能力培养机制的构建 …… 105
第一节　大学生就业能力协同开发机制的理论构建 …… 105
第二节　构建大学生就业能力协同开发机制的路径 …… 110
第三节　大学生就业能力协同开发机制的实施措施 …… 112

第七章　当代大学生就业能力提升路径 …… 123
第一节　发挥大学生主体作用 …… 123
第二节　发挥高校主导作用 …… 131
第三节　发挥政府、企业和家庭促进作用 …… 139

第八章　当代大学生创新型人才培养途径 …… 147
第一节　思想教育创新工具 …… 147
第二节　大学生创新创业能力培养的途径 …… 157
第三节　新时代大学生网络创业的思考 …… 167

参考文献 …… 175

第一章

大学生就业概述

第一节 大学生自我分析与定位

自我认知是职业规划的出发点。为了在生活和事业上取得成功，一个人必须对自我有清晰的认知，即了解自己的优势和劣势，进而根据职业需求来提高自己的能力。

同理，大学生也应该有一个清晰的自我分析和定位，知道自己适合做什么、喜欢做什么、能做什么，从而使自己未来能够找到更好的工作。基于此，本章深入分析了大学生的性格类型、职业兴趣、素质能力和价值观，使大学生能够清晰地定位自己并了解自己未来的就业方向。

一、自我的内涵

自我，又称自我意识或自我概念，主要是指个体对自身生活状况的认知，是个体对自身社会角色进行自我评价的结果。事实上，每个人的自我都可以分为三个方面：外在自我、心理自我和社会自我。

（一）外在自我

外在自我是指大学生通过直接的方式了解自我因素，是自我中最凸显的部分，通常包括身体特质与身体外特质两种。其中，身体特质主要包括对自己的体重、身高、身材、容貌等体像和性别方面的认识；身体外特质也被称为延伸自我，是指"我的××"，如我的名字、我的专业、我的学校等。需要注意的是，外在自我实际上属于个人基本信息。在求职过程中，因为不同的职业对个人信息有不同的要求，特别是某些特殊的职业，对自我条件的要求十分严格，所以这些基本的个人信息至关重要，即外在自我非常重要。

（二）心理自我

心理自我是用肉眼无法直接观察到的，它属于内在因素。心理自我主要包括三个部分的内容，分别是心理自我的动力系统、心理自我的效能系统以及心理自我的风格系统，下面将分别对其展开叙述。

1. 心理自我的动力系统

在分析心理自我的动力系统之前，我们先来看这样几个问题：我喜欢这个工作的原因是什么？对于不同类型的工作，为什么有的人喜欢，而有的人不喜欢？一样的工作，为什么有的人做起来十分轻松，而有的人做起来十分拖沓，甚至觉得很累？实际上，出现这些问题的根本原因在于每个人的动力倾向不同，它涉及兴趣、价值观等因素。之所以要研究心理自我的动力系统，是因为该系统有助于大学生找到自己喜欢的职业。

2. 心理自我的效能系统

在分析心理自我的效能系统之前，我们先来看这样几个问题：对于这份工作，我可以做好吗？对于电脑的操作，为什么有的人十分轻松，而有的人却一窍不通？为什么有的人操作机械游刃有余，组织策划却毫无章法？实际上，出现这些问题的主要原因在于每个人的能力不同，即有的人具有很强的操作能力，而有的人组织、策划能力相对较弱。心理自我的效能系统包括潜能、技能、自我效能等。之所以要研究心理自我的效能系统，是因为该系统可以帮助大学生意识到自己擅长的领域是什么，适合做什么样的工作。

3. 心理自我的风格系统

在分析心理自我的风格系统之前，我们先来看这样几个问题：这份工作适合我吗？我应不应该选择这份工作？在职场上，为什么有的人看起来冷静果断，而有的人看起来十分散漫？为什么有的人可以注意到细节，而有的人却马虎大意？实际上，出现这些问题的主要原因在于每个人的风格不同。心理自我的风格系统包括气质、性格等。之所以要研究心理自我的风格系统，是因为该系统可以帮助大学生了解自己适合的职业领域。

大学生在求职过程中，外在自我只是应聘的第一道门槛，最重要的是心理自我。很多工作岗位都对应聘者的心理自我有要求，如工程设计要求应聘者具有创造力和创新精神，财务管理要求应聘者内心细腻等。

（三）社会自我

社会自我是指个人对自己的社会属性的认识，包括对自己在社会关系、人际关系中的角色、地位的认识，对自己所承担的社会义务和享有的权利的认识等；也是指对自己在群体中的地位、作用的认识和评价。具体而言，社会自我包括对各种角色关系、角色地位、角色技能和角色体验的认知和评价。大学生如果能够管理好自己的社会自我，那么对于其职业的选择具有至关重要的作用。但是，如果大学生不善于交流或沟通，并认为周围的人不喜欢自己、不接纳自己，没有知心朋友等，就会感到很孤独、很寂寞，进而不利于其就业。

综上所述，对外在自我、心理自我以及社会自我进行比较可以发现，外在自我与社会自我相对来说是客观的，并且是直接就能观察到的，而心理自我并不容易观察到。

二、职业兴趣与职业的关系分析

（一）兴趣对职业的影响

俗话说，兴趣是最好的老师。世界著名计算机科学家、图灵奖创立以来首位亚裔获奖者、世界现代密码学的奠基人之一、清华大学交叉信息研究院院长姚期智教授曾说："我告诉学生，你们在大学唯一的任务就是要发现你们最擅长的是什么，最感兴趣的是哪个方向。"由此可见，兴趣对人的发展至关重要。

同样地，兴趣可以使人快乐地工作。早在两千年前，孔子就说过："知之者不如好知者，好知者不如乐知者。"这句话的意思是，对于学习，了解怎么学习的人，不如喜爱学习的人；喜爱学习的人，又不如以学习为乐的人。我国著名物理学家杨振宁教授也说过："成功的秘诀在于兴趣。"股神沃伦·巴菲特（Warren Buffett）说过："我和你没有什么差别。如果一定要找一个差别，那可能就是我每天都有机会做我最爱的工作。"百度创始人兼CEO李彦宏在一次采访中谈及高强度的工作时，很平淡地说："我每天到办公室后就挂到网上，一直到下班都是在做喜欢的事情，就像玩儿一样，没觉得很辛苦。"

相关研究表明，兴趣可以激发一个人的潜能。具体而言，假如个体对一份工作有很大的兴趣，那么他的工作效率就高于其他人，可以将自己的才能发挥至八成以上；假如个体十分不喜欢这份工作，那么他就没有工作的动力，在工作中只能发挥其才能的二成，并且还会使自己感到疲劳。由此可见，找到自己感兴趣的工作至关重要。

（二）职业兴趣六边形模型

职业兴趣六边形模型由美国著名职业心理学家约翰·霍兰德（John Holland）于1959年提出，直到现在，该理论仍广受人们的欢迎。霍兰德认为，人的职业兴趣可以对其职业的选择产生重要的影响，进而影响其未来的职业发展。

基于此，霍兰德构建了职业兴趣理论模型，并将人格分为现实型（R）、研究型（I）、艺术型（A）、社会型（S）、企业型（E）和常规型（C）六种类型。

1. 现实型（R）

对现实型的人来讲，他们的身体技能较好，具有很强的机械协调能力，对工具和技术有很大的兴趣，比较稳定和现实，倾向于从事技术性较强的工作。另外，现实型的人不善于交际，比较内向，并不热衷于人际交往、人员管理及监督等活动。现实型的人往往会选择需要熟练技能的职业、动植物管理方面的职业、机械管理方面的职业、生产技术方面的职业、需要手工艺技能的职业、机械装置与运转方面的职业等。

2. 研究型（I）

研究型的人更喜欢数学统计和理论思考，喜欢解决抽象问题。在解决问题时，他们善于思考，乐于分析，但不一定进行具体操作。因此，他们喜欢富有创造力和挑战性的工作。需要注意的是，研究型的人非常独立和客观，对人际交往同样不感兴趣。研究型的人适合分析师、设计师、科学家、学者或其他类似的职业。

3. 艺术型（A）

艺术型的人与研究型的人的共同点是：富有创造力，不喜欢高度结构化的任务和环境，并且对机械或程序化的工作不感兴趣，更喜欢单独行动而不是集体行动。但不同的是，艺术型的人更擅长自我表达，更情绪化。此类型的人适合演员、导演、雕刻家、摄影家、建筑师、歌唱家、诗人、剧作家等职业。

4. 社会型（S）

社会型的人的语言能力往往优于其数理能力，能言善辩，乐于与人相处，喜欢帮助别人，关心社会问题，具有较强的责任心，渴望发挥自己的社会作用；擅长通过与他人讨论或调整人际关系来解决问题；喜欢以人为对象的工作，不喜欢以物品为对象的工作。社会型的人适合从事咨询、培训、说服和服务类型的工作，如教师、教育行政人员等教育工作者的职业，以及咨询人员、公关人员等社会工作者的职业。

5. 企业型（E）

企业型的人喜欢制订工作计划、职业计划和建立组织，并积极发挥组织的作用来开展活动；喜欢影响、管理和领导他人；具有极强的自信心，极富冒险精神，而且做事有较强的目的性。企业型的人不喜欢具体而实际的工作，也不喜欢长时间心无杂念的工作。企业型的人适合从事管理人员、市场营销、销售、法官、律师等职业。

6. 常规型（C）

常规型的人喜欢要求明确、高度有序的工作，不适合规则模糊、有较大自由度的工作；喜欢在工作中与他人保持一定的距离；不喜欢主动决策，习惯于服从，通常高度忠诚、可靠、工作努力、有毅力；比较在意职业的社会地位和社会评价，通常愿意在大型机构中从事一般性工作。常规型的人适合从事秘书、银行职员、图书馆管理员、行政助理、会计师、收银员、打字员、计算机操作员、办公室职员等职业。

三、大学生能力与工作胜任力的分析

（一）能力的内涵与分类

1. 能力的内涵

能力是完成一项目标或者任务所体现出来的综合素质，是直接影响活动效率，并使活动顺利完成的个性心理特征。对所有人来说，能否在职场上如鱼得水，就取决于其能力的大小。人们在完成活动的过程中表现出来的能力有所不同，同样的工作，具有较高能力的人很快就能完成，而能力较差的人就略显吃力。此外，能力还会影响一个人的学习效率，通常能力较强的人学东西会比较快。

2. 能力的分类

（1）按照性质分类。这里将能力划分为一般能力和特殊能力。一般能力是指进行各种活动时必须具备的基本能力，如学习能力、记忆能力、观察力等；特殊能力是指顺利完成某种专门活动所必备的能力，如体育竞技中所需的能力就属于特殊能力的范畴。需要注意的是，特殊能力不是生来就具备的，大部分都是后天培养形成的。在求职过程中，用人单位往往会要求应聘者同时具备一般能力与某种特殊能力。

（2）按照获得方式分类。能力按照其获得方式（先天具有与后天培养）分类，可以分为能力倾向和技能两大类。能力倾向是指与生俱来的特殊才能，如音乐、运动能力等。这类能力虽是与生俱来的，但也有可能因未被开发而荒废。技能是指在反复练习中生成的比较稳定的行动方式。通常情况下，无论什么样的工作，都对技能有要求，不同的职业对技能有不同的要求。对于技能，可以将其划分为专业知识技能、自我管理技能和可迁移技能三种，下面将对这三种技能类型展开叙述。

第一，专业知识技能。专业知识技能也被称为"内容性技能"，是指通过专业课的学习，或者是其他途径所得到的知识。例如，律师要掌握与法律有关的知识，工程师要掌握与工程有关的知识，会计要掌握与财务有关的知识。专业知识技能不是一朝一夕就能掌握的，而是通过不断的积累形成的，并且专业知识技能是无法迁移的。例如，即使具有多年工作经验的律师，如果没有经过特定的培训或者学习过有关的知识，也无法胜任工程师这一工作。

第二，自我管理技能。自我管理技能也被称为"适应性技能"，是指对某个人所具有的特点进行描述或说明。换言之，自我管理技能表现的是个体对事件完成之后的态度或情绪。自我管理技能是指个体在不同的环境下如何管理自己：是勇于创新还是循规蹈矩，是认真工作还是敷衍了事，能否在压力下保持镇定，是否对工作有热情，是否自信，等等。实际上，自我管理技能在学校是没有办法单纯依靠知识性课程学习获得的。也就是说，自我管理技能的获得需要家庭、学校和社会的共同培养。对大学生而言，他们要想在未来的工作中取得成功，就要着重培养自己的自我管理技能。自我管理技能最大的作用就是可以帮助一个人尽快适应周围的环境。正是因为自我管理技能的这种作用十分明显，所以很多用人单位都将是否具备自我管理技能作为判断应聘者是否适合该职位的重要依据。具体而言，应聘者在面试时，面试官会通过应聘者的面部表情、语速语调以及肢体动作等来观察应聘者，从而判断应聘者是否具有自我管理技能。在一些比较大的企业中，面试官还会通过场景的模拟来考验应聘者自我管理技能的高低。

第三，可迁移技能。可迁移技能又叫作"功能性技能"，是指除职业所要求具有的专业知识能力之外的其他基本能力。不同的国家或机构对可迁移技能有不同的叫法。例如，在德国、澳大利亚、新加坡等国家，可迁移技能叫作"关键能力"；在美国，可迁移技能叫作"通用能力"；全美测评协会的技能测评体系将可迁移技能称为"软技能"。平时我们所说的组织、分析等能力就是可迁移技能，其主要特点是可应用于多个领域。美国著名的心理学家和职业专家赫伍德·斐勒（Howard Figler）将可迁移技能详细地划分为十类，并对这些技能在职业竞争中发挥的作用进行了评价。这十类可迁移技能分别是预算管理、督导他人、公共关系、应对最后期限的压力、磋商和仲裁、公共演讲、公共评论协作、组织/管理/调整能力、与他人面谈的技巧和能力以及教学和教导能力。可迁移技能渗透在人们生活的方方面面，既可以用于工作之中，也可以用于工作之外。大学生在进行职业生涯规划时，应将可迁移技能放在第一位，其次才是专业知识技能。这是因为可迁移技能是专业知识技能运用的重要基础，而且用人单位在进行招聘时，首先考核的也是可迁移技能，其次才是其专业知识技能。大学生应聘者在面试时，如果没有足够的可迁移技能，就可能无法进入下一轮专业知识技能的考核。

研究表明，接受过高等教育的大学生应聘者都具有专业知识技能，他们大部分能够顺利进入职场。而在职场中发展较好的大学生大多具有自我管理技能和可迁移技能。对于那些具有很强的专业知识技能但不具有自我管理技能和可迁移技能的大学生，其职业发展可能没有那么顺利。由此可见，大学生应聘者要想在进入职场后快速发展，升职加薪，拥有自我管理技能和可迁移技能至关重要，而专业知识技能只能使大学生应聘者能够顺利地进入职场。

（二）工作胜任力的内涵

大学毕业生的工作胜任力一直是用人单位最为关注的能力。换言之，用人单位的用人标准之一就是看大学毕业生是否具有工作胜任力。早在1973年，美国学者戴维·麦克利兰（David McClelland）就提出了胜任力的概念。在他看来，胜任力是指能够区分在特定的工作岗位和组织环境中绩效水平的个人特征。这表明胜任力与工作绩效或者是生活中的其他成果存在一定的联系。另外，麦克利兰还提出了用于测试胜任力的六个原则，自此，有关胜任力的研究工作开始展开。

在麦克利兰提出胜任力的概念之后，众多专家学者进一步深入和完善了胜任力的概念及其相关的术语含义，从不同角度提出了胜任力的定义。将众多不同的定义、观点总结后发现，胜任力研究领域长期以来存在两种研究流派：一种流派认为，胜任力是潜在的、持久的个人特征，即人"是什么"；另一种流派则认为，胜任力是个体的相关行为表现，即人"做什么"。并由此引发了一系列认识上的争议。例如，胜任力是先天决定的，还是环境影响的；是不可变的，还是可以改变的；潜在特质和工作技能，究竟哪个部分才是决定工作绩效的真正因素？到目前为止，大部分人都比较认可的说法是：胜任力是指在工作中员工的价值观、动机、个性、态度以及知识和技能等关键特征，以及组织与市场相关联的独特的智力、过程和产品能力。

研究表明，能力是胜任力的先决条件，但是两者并不相同。胜任力针对的是一个人的职业工作绩效，强调个体的潜在特征，并可用一些被人们广泛接受的标准对它们进行测量，而且可以通过培训与发展加以改善和提高。基于此，以下对个体的胜任力与其工作具有的关系进行分析。

首先，胜任力可以预测未来的工作绩效，它与一定工作或情景中的、效标参照的有效或优异绩效有因果关系。其中，"有因果关系"是指胜任力能够引起和预测行为及绩效；"效标参照"是指胜任力实际上预测表现优异者和表现一般者，就像按照特定标准测量一样。同时，虽然运用胜任力能够将团队中的绩效优秀者与绩效一般者加以区分，但是胜任力在很大程度上会受到工作环境、工作条件以及岗位特征的影响。

其次，胜任力是潜在的、持久的个人特征。这里的"潜在特征"是指胜任力是一个人个性中深层和持久的部分，体现在行为和思维方式上，能够预测多种情景或工作中的行为。根据这种观点，胜任力可以细分为五个层次，依次为动机（个体想要的东西）、特质（个体的生理特征和对情景或信息的一致反应）、自我概念（个体的态度、价值观或自我形象）、知识（个体所拥有的特定领域的信息、发现信息的能力、是否能用知识指导自己的行为）和技能（完成特定生理或心理任务的能力）。

总的来看，胜任力的关键特征包括绩效关联、动态特征和可区分性。一个人如果具有这三个特点，那么就可以认为他具有胜任某个工作岗位的能力。

四、个人价值观与职业的关系分析

（一）价值观及职业价值观

工作的好坏其实并没有一个固定的标准，主要取决于个人的主观意识。由于每个人都是不同的个体，其想法也各不相同，使得不同个体对工作好坏的评价标准也不一样。具体而言，有的人喜欢薪水较高的工作，有的人喜欢安稳的工作，还有的人喜欢竞争压力较大的工作。在众多促使个体选择工作的因素之中，最重要的因素就是价值观，这里特指职业价值观。

在研究价值观之前，我们先讨论一下什么是价值。价值是指客体以自身属性满足主体需要或主体需要被客体满足的效用关系。价值由两方面构成，一是主体的需要和利益，二是客体的某种性能或属性，二者相辅相成，缺一不可。

具体而言，价值的客观性表现在：价值必须以客观事物本身所具有的属性为现实基础，人的需要受社会历史条件制约。价值的主体性表现在：其一，客观事物的某种属性能否具有价值及具有何种价值要以人的需要为基准；其二，同一客体对于不同主体的价值是不同的，带有主体的个性特征；其三，主客体之间的价值关系不是一种自然的、现成的关系，也不是主体需要与客体属性之间随机相遇的关系，而是主体在实践基础上同客体之间确立的一种创造性的关系。

有了价值自然就产生了价值观，价值观是指个体对客观事物的评价，如对人、事、物，以及由于自身行为产生的意义、作用、效果的总体评价。对诸事物的看法和评价在心中的主次、轻重的排列次序，就是价值观体系。价值观和价值观体系是决定人行为的心理基础。此外，价值观还是人们对社会存在的反映，是社会成员用来评价行为、事物以及从各种可能的目标中选择自己合意目标的准则。

虽然工具性价值观和终极性价值观之间有很大的不同，但是它们之间是相互作用的。例如，当个体需要完成某一项工作时，主要是为了达到两个目的：一是锻炼能力，二是让生活更好。前者是工具性价值，后者则是终极性价值。再如，当个体和他人交往时，对他人的帮助体现的是工具性价值；当个体因帮助他人而感到身心愉悦时，体现的是终极性价值。虽然在人们对价值进行探索的过程中，因为生活经历等因素，工具性价值得到了更多的认可，但是在职场中，终极性价值对个体产生的影响更大。换言之，终极性价值对个体职业价值观的形成至关重要。

生涯大师舒伯（Donald E. Super）认为，职业价值观是个人追求的与工作有关的目标，即个人的内在需求以及在从事活动时所追求的工作特质或属性。由此看来，人们进行活动时所追求的工作特性就是职业价值观的体现。因为每个人都是不同的个体，所以每个人对职业的看法不一样，对职业的要求也不一样，进而导致其职业价值观也不一样。基于此，笔者认为，职业价值观是个人价值观在职业问题上的真实反映，即个人对职业的评价与看法。

实际上，对于任何人，其对工作的追求以及选择工作的方式，体现的就是其职业价值观。为了更好地了解职业价值观对个体的作用，我们需要对职业价值观的内在结构进行划分。如何对职业价值的内在结构进行划分，很多学者给出了自己的看法。其中，最为著名的就是舒伯关于工作价值观量表的研究。价值观量表将职业价值分为三个维度和15个职业价值观因子，这三个维度分别是内在价值维度、外在价值维度和外在报酬维度。

内在价值维度是与职业本身性质相关的因素，即工作本身所具有的一些特征。智力激发、利他主义、创造发明、独立自主、美的追求、成就满足和管理权力这7个因子属于内在价值维度。外在价值维度是指与工作内容没有关系的外部因素，即人们通常所说的工作环境。工作环境、同事关系、上司关系、多样变化这4个因子属于外在价值维度。外在报酬维度是指在工作中所能获得的因素。声望地位、安全稳定、经济报酬、生活方式这4个因子属于外在报酬维度。

为了获得更好的职业发展，大学生需要为自己做职业生涯规划。在制订职业生涯规划之前，大学生必须明确自己的价值观和职业价值观。价值观和职业价值观决定了大学生对影响自己职业发展的因素的选择标准，如决定了哪些因素是需要优先考虑的，哪些因素是最后考虑的，哪些因素对自己是至关重要的，哪些因素对自己是毫无影响的，等等。

大学生在分析自己的价值观，尤其是职业价值观时，可以以国内外学者提出的价值观类型作为参考。例如，大学生可以通过总结不同职业价值观的内容，并根据它们体现的具体内容来确定自己的职业价值观中主要的因素是什么。张再生教授将此类因素分为三类，并认为可以从以下三个方面进行职业价值观分析。

第一，发展因素。发展因素是指与个人发展密切相关的因素。发展因素的内涵十分丰富，包括符合兴趣爱好、工作富有挑战性、具有平等的晋升机会、具有较大的发展空间、个人才能可以得到发挥、工作的自由度高、提供培训机会、与所学专业对口、竞争具有公平性、有出国学习的机会等。

第二，声望因素。声望因素是指与职业地位、职业声望、职业社会评价密切相关的因素。声望因素包括单位的受欢迎程度、单位的规模和权力、单位的行政管理水平和社会地位等。

第三，保健因素。保健因素是指与个人福利待遇密切相关的因素。保健因素包括稳定的职业、良好的薪资待遇、较高的福利、齐全的保险、舒适的工作环境、便捷的交通和便利的生活等。

研究表明，选择和评估职业涉及多个因素，每个因素都扮演着不同的角色。从目前的情况来看，大学生在求职过程中越来越重视发展因素，而保健因素和声望因素的重要性因人而异。

综上所述，在分析和确定职业价值的过程中，大学生必须处理好不同职业价值要素之间的关系，并根据自身发展情况确定自身的核心职业需求，从而合理地制订自己的职业生涯规划和相关策略。

（二）职业价值观评估

职业价值观对个体的职业选择与未来发展有很大的影响，了解自己的职业价值观非常重要。为了更好地了解自己的职业价值观，个体应该掌握职业价值观的评估方法。

需要注意的是，虽然职业价值观形成之后，对个体的职业选择有很大的影响，但是职业价值观并不是一成不变的。由于现实环境是不断变化的，职业价值观也会随现实环境的变化而发生变化。对大学毕业生来说，他们刚刚步入社会，对一切还处于懵懂的状态，并且其独立人格还没有完全形成，因此他们的职业价值观是变化的、现实的。

在分析职业价值观时，大学生需要注意以下两个方面的问题。

首先，职业价值观不能违背社会现实。在研究、评估职业价值观时，大学生要将个人价值观与社会价值观联系在一起。具体而言，大学生不仅要知道自己想要的是什么，还要知道社会需要的是什么。这是因为每个个体都属于社会，任何人都不可能离开社会而独立存在，所以在制订职业生涯规划时，大学生要了解社会的需求。大学生要想实现个人价值，就必须将社会价值作为基础。如果缺少了社会价值，那么个人价值也就无法实现。

大部分的大学生都十分倾心于声望、地位较高的职位，大学生有这样的想法无可厚非。然而，由于学校扩招，大学生就业压力与日俱增，再加上大学生刚刚步入社会，并没有太多的工作经验，就业形势变得更为严峻。由此可见，大学生要想进入声望、地位较高的企业工作十分困难。相关调查表明，目前岗位需求最大的是市场销售，但大部分的大学毕业生并不青睐此类工作。由此产生了这样一个现象：需求量大的工作招不到人，而大学毕业生想要获得的工作往往不招人。对此，大学生必须面对现实与理想的差距，改变自己原有的职业价值观。

其次，大学生要经常审视自己的职业价值观。由于生涯发展阶段及社会环境的改变，每个大学生都要经常审视自己的职业价值观是否与当前的工作相匹配。只有个人的定位和要从事的职业相匹配，才能在工作中发挥自己的长处，进而实现自我价值。

由于个体的职业价值观并不是形成之后就完全正确，大学生要经常审视自身的职业价值观是否正确，并及时进行修改。大学生在确定自己的职业目标时，一定要清楚自己想要从事什么样的工作，明白自己未来的生活是什么样的。例如，如果大学生想要有所成就，并且喜欢在竞争激烈的工作环境中工作，那么就可以选择去一线城市发展。

综上所述，职业价值观是个体对生活经历及工作经验的总结。大学毕业生并没有太多的生活经历和工作经验，因此要想将职业价值观研究得透彻，并不容易。为了树立正确的职业价值观，大学毕业生需要不断学习、反复思考，从而形成自己独特的、正确的、与时俱进的价值观，特别是职业价值观。

第二节 大学生就业认知

一、大学生的就业观

（一）传统就业观念与新的社会环境对就业观的影响

1. 传统观念的影响

我国高等教育已步入大众化教育阶段，但受传统观念的影响，大学生的就业观念尚未及时转变过来，就业期望值普遍偏高。

经济收入仍然是大学毕业生就业首先考虑的因素。对薪资期望过高，片面追求高层次岗位，不愿从事基层的工作。在就业地区的选择上，普遍希望留在发达的一线城市，而不愿意到急需人才的二、三线城市或欠发达的地区工作。"铁饭碗"观念依然存在，在就业范围的选择上仍抱着老观念——求稳定，认为就业就是到国家机关、事业单位以及国有企业工作才算稳定；而认为到私营企业等非国有单位就业就不稳定、不可靠。过分强调专业对口，专业对口是计划经济时代国家按照毕业生所学专业对口分配就业的思想。目前，在大多数专业人才供大于求的形势下，高校学生再片面强调专业对口就会无形中限制自身的就业空间。

大学生主动就业意识淡薄，依赖性强。有"等""靠"的思想，即依靠家长亲朋帮忙，等待工作自己找上门。还有一些大学生不愿意到基层岗位、艰苦地区和艰苦行业就业。存在盲目从众心理，不少大学生缺乏社会实践的锻炼，在众多的矛盾面前不知所措，别人怎么做自己就怎么做，完全不对行业、单位和岗位进行客观的认识和评价。从我国私营个体经济的发展来看，早期的创业者中低知识层次者较多，以致一度出现了"知识贬值"的感叹。虽然当前知识型人才的创业已开始出现并逐步增多，但仍只是"小荷初露"，大学生的创业意识仍有待增强。

2. 新的社会环境对就业观的影响

我国正处在经济变革的历史时期，社会规范、价值标准呈多元化倾向，学生在实现其社会化的过程中出现迷惘、无所适从，甚至个别学生出现强烈的挫折感和失败感，无法适应，以致出现严重的心理问题。导致这种现象很重要的原因是大学生对就业观没有正确的认识。不切实际的就业观使大学生在社会化过程中不能领会自己未来在社会结构中的地位，不能理解、遵从社会对这一地位的角色期待。但是就业观的形成不是一朝一夕的事情，它受个体社会化过程中的外界影响因素很大，因此，必须对影响大学生就业观的环境加以分析，帮助其形成科学的就业观。

目前，许多学校都增加了对学生就业的相关教育内容。多数学生从大学一年级开始，就要接受有计划的职业生涯规划教育，一方面，是为了帮助和鼓励学生形成科学、合理的就业观；另一方面，是为了使学生在学习的过程中能够深入了解社会，对就业有强烈的明确性和目的性。中国现行的教育体制下的学生，参与社会实践相对较少，很多对社会的认识是到工作岗位上逐渐学习的。面对当前就业压力较大的形势，学校对学生在读大学期间应有计划、有意识地培养其对社会有一些初步的了解。有些学生虽然完成了大学教育，掌握了许多专业知识，却缺少最基本的与人沟通的能力与技巧。因此，学校不仅影响着学生的就业观，还承担着学生社会角色的培养职能。

大众传播媒介对高校学生就业观的影响作用也日趋重要，在当今社会，科技经济的迅速发展，互联网的作用可以实现信息瞬时共享。作为大众传播媒体，不仅本身的舆论导向会对高校学生就业观产生影响，它还可以为就业创造一个宽松的信息平台。例如，媒体对成功创业的高校毕业生的宣传与鼓励，可以增强学生的创业信心；媒体对下基层毕业生实现自我价值的宣传与鼓励，就会使学生愿意到基层去实现自己的人生价值。

（二）大学生就业观的误区

大学生就业思想和观念有误，是就业的最大障碍，突出表现在以下几个方面。

1. 重物质利益

当前学生在消费社会的环境下，容易受到物质利益的诱惑，加上大学期间的花费和毕业后的生活成本，他们觉得工资收入、福利待遇等是就业选择要考虑的首位因素。因此，他们往往选择经济较好，收入较高的发达地区、一线城市，较少考虑中西部欠发达地区或是到二、三线城市就业。高校毕业生在就业选择初期被物质利益所诱惑，很少考虑到个人职业发展的空间及个人的兴趣等因素，以致后期面临转行等一系列问题。

2. 重社会地位

当前的高校学生对国家大事和社会热点极其关注。公务员优越的社会地位让他们羡慕不已，造成跟风报考公务员的现象，导致公务员考试竞争程度异常激烈。报考公务员，从增加自己的就业途径和就业机会的角度来说无可厚非，但有些学生并不考虑自己是否适合从事公务员工作,也缺少公务员工作中的行政常识、管理常识和法律常识的积累,即使积极报考了,最后也是"竹篮打水一场空",不仅浪费了自己的时间和精力,也破坏了自己的就业方向和就业节奏。

3. 盲目效仿他人

如今高校学生可以通过报纸、电视、广播、网络以及手机等多媒体了解到各种社会信息,但同时他们也对信息缺少辨别能力和剖析能力。在当前浮躁的社会风气的影响下,高校学生缺少对自己的冷静思考和个人发展的规划,于是看到别人怎么做,自己也跟着怎么做。在职位的选择上缺少个人的见解,盲目效仿他人,以他人的评价和选择标准作为参照。

4. 依赖学校和家长

缺乏主动性和开拓性。当前的大学生看起来特立独行、有想法、有个性,可是在求职过程中,他们有较强的依赖心理,缺乏主动,会把眼光瞄准了可以提供帮助的人,希望依靠学校和家长的努力,获得就业机会。同时,对于就业信息的收集和关注上,他们也表现出一定的依赖性,除学校(院)提供的相关就业信息外,对其他渠道的就业信息他们缺少主动性关注和了解,也缺少开拓和探索,在择业去向上也缺乏个人的决断能力,经常犹豫观望。

(三)树立正确的就业观

1. 遵循成才规律,立志从小事、平凡事做起

成才立业是所有大学生的美好追求,但成才不仅仅是对知识和技能的掌握,更重要的是学会如何做"人"。在面对就业竞争时,更应该务实求真、遵循成才规律,立志先从小事、平凡事做起,这不仅能较顺利地适应社会的需求,更能对毕业生的人生之路起好导向作用。

2. 先就业,再择业,寄予未来谋长远

目前,不同学历层次(研究生、本科生和专科生)的毕业生在就业形势上,表现出非常大的差异和不平衡。树立正确的择业观,"先就业,再择业"不失为最佳选择。大学生必须对自己的兴趣、心理、能力、价值观念等进行调整,把自己从"我想干什么"的一厢情愿转变到"我能干什么"的现实定位中。在择业中,勇敢地"推销"自己,以自信、冷静的态度,扬长避短,主动出击,突出介绍自己的"闪光点"和自己与众不同的地方,以赢得择业的最后胜利。

3. 转变就业观念，适应市场需求

近年来，面临日益严峻的就业形势，大学生的就业观念必须适应市场对劳动力的需求。现在我们越来越清醒地认识到就业市场的竞争压力大，大学生的期望值也在适时地做调整，比如降低对收入的预期，不再奢望高薪、高福利，也不计较单位属于何种性质。很多大学生每逢招聘会都去参加，每次参加招聘会，都会切合实际地调整就业目标和心理预期。大学生应该适应形势，改变就业观念，树立"先就业，后择业"的心态，秉持"可以到任何地方工作"的信念，求职道路就会越来越通畅，自己也就会主动去适应就业市场的需求。思路带来出路，"先就业、再择业"是当代大学生就业观念转变后出现的一个新趋势。在人才流动加快的今天，个人在就业上选择的余地也很大，对急需就业的毕业生来说，把这个选择的时机留给将来是比较现实的。

4. 看重经济待遇，更要看重发展前途

随着时代和社会的进步，目前大学生的自主意识逐渐加强。他们过去只把工资薪水等经济待遇作为首选，现在则更加注重自我价值的实现、关注企业的发展前途、把企业发展与自我提升结合考虑。这是有较强事业心的表现，是可喜的。在选择职业时同样也是这个道理，你无须考虑这个职业能给你带来多少钱，能不能使你成名，而应该选择最能让你全力以赴的职业，或最能使你的兴趣、爱好、品格和长处与优势得到充分发挥的职业。这样，你的未来发展前途将会迎来成功的鲜花。

5. 树立良好的就业择业心态

毕业生就业的成功与否和是否具有良好的心理状态有着密切关系。如今，我们面对严峻的就业形势和众多的竞争对手，如果没有良好的就业择业心态，没有正确的择业技巧和方法是难以成功的。因此，毕业生在就业择业前，一定要有足够的思想准备，树立良好的就业择业心态，克服不良的心理障碍，排除不利的心理干扰，这样才能顺利就业。

二、大学生就业分析

（一）大学生面临的就业形势

自 1999 年我国高校实施扩招以来，高校毕业生每年以 15% 的速度增长。据国家人力资源和社会保障局统计，2015 年我国高校应届毕业生高达 749 万人，在接下来的几年中，高校应届毕业生人数依然在逐步增加。2023 年，全国高校毕业生高达 1047 万人，高校毕业生的就业形势更加严峻。高校毕业生数量逐年增长，毕业生的就业形势日趋严峻，呈现

出以下特点：

第一，大学毕业生由"精英"走向"大众"。根据西方经济学中的稀缺性原理，高等教育进入大众化时代，大学生不再是天之骄子，不再是稀缺资源，他们和其他社会层次的就业人员一样，不再占有较大优势。

第二，大学生就业市场进一步由"卖方"走向"买方"。在就业中，大学生处于劣势地位，用人单位处于优势地位，就业市场由卖方走向买方，大学生薪酬水平也随之下降。

（二）大学生就业难的原因分析

大学生的就业行为是一种社会行为，关系到大学生人生社会价值的实现和其家庭教育投资的收益，也关系到高等教育的可持续发展和人力资源的投入分配，关系到社会发展的方方面面，所以就业难的问题如何解决吸引着政府、社会、学校、家庭和个人等多方的视线。当前大学生就业难的原因既有来自社会环境、学校教育的客观原因，又有来自大学生个体的主观原因。

1. 客观原因

（1）总量失衡。全社会大学生总量的扩张与需求的相对不足既是大学生就业所面临的严峻形势，也是大学生就业难的首要原因。近年来，我国高校连续大规模的扩招，高等教育已经由精英教育转变为大众教育，大学毕业生人数的倍增期与全国就业高峰期重叠，高校毕业生人数连年攀升，再加上往年积压未就业毕业生的存在等因素，使得供需矛盾更加突出，大学生就业也就由过去的"卖方市场"日益走向现在的"买方市场"。与此同时，由于我国正处于全国性的就业高峰期，农民工、城镇下岗待岗人员、留学回国人员等多路劳动大军同时汇入劳动力市场，使得劳动力供求总量严重失衡，大学毕业生的就业空间受到挤压，而巨大的就业岗位缺口将使我国的就业压力长期存在，这对未来几年的大学生就业来说，仍将具有相当大的影响。

（2）产业结构不合理。产业结构不合理是造成大学生就业结构性矛盾突出的根本原因。从我国的产业结构看，过去的30年里，我国的产业政策主要是发展劳动和资源为基础的传统产业，劳动密集型的低端制造业和资本密集型的重化工业发展迅速，而像先进制造业、现代服务业等能够大量吸纳高层次人才（即接受过高等教育的人才）的知识密集型产业发育明显不足。相对新兴的知识密集产业来说，传统产业对人才的需求是比较小的。我们知道，我国的比较优势是劳动力资源丰富、廉价，同时劳动力素质较低，因此在过去的几十年里，我们依靠发展低端的劳动密集型产业，使得经济的总量规模跃上了新台阶。

相对而言，低端劳动密集型产业对普通劳动力和技术工人的需求更大。高等教育的根本目的是向社会输送有知识、有素质的高层次人才；与之对应的，必须有足够的知识型的就业岗位相匹配，才能做到人尽其才。而现在，大学毕业生的大量供给和社会产业的较少需求，就造成了结构性的不匹配问题。劳动密集型的低端制造业和资本密集型的重化工业为主的产业结构，制约了劳动力市场对知识型人才的需求。对很多企业来说，技术工人和体力工人就能满足发展的需求，不需要雇用高成本的大学生来工作。

（3）空间结构失衡。大学生就业结构性矛盾突出的另一个表现是空间结构的失衡，包括区域结构和城乡结构。从区域发展情况看，我国的经济社会发展在区域层面存在严重的不平衡。北京、上海以及东部发达地区对大学生的就业需求比较大，生存环境比较好，经济回报也比较高，而广大的中西部欠发达地区虽然有较大的用人需求，但一方面是适合大学生的工作岗位不多，另一方面是工作环境和生活条件比较艰苦，经济回报低得多。这样，东部发达地区就成为主要的人才输入地，而中西部欠发达地区就出现了"门前冷落鞍马稀"的景象。目前，从城乡发展情况看，我国劳动力市场从地域上可划分为城市劳动力市场和农村劳动力市场。城市劳动力市场的招工就业待遇比农村劳动力市场的招工就业待遇要好很多：不仅收入高、劳动条件好，而且机遇多、社会地位高。所以，大学生一般都选择发展较好的城市，而鲜有问津农村劳动力市场。此外，社会保障政策的差别限制了大学生在城乡劳动力市场的自由流动，增加了大学生由城市流入农村的成本和代价。所以大学生即便在城市里，特别是在大城市找不到工作，也不愿去西部、去农村寻找工作。

（4）人才结构比例失调。有调查表明，我国近年来的人才市场供给需求情况是，有关技术岗位的劳动力呈现供不应求的局面，以机械加工为主的技术、技能型人才短缺，甚至出现了部分工科类大学生毕业后又到劳动部门开设的技工培训学校学习，拿到技能等级证书后才能顺利就业的情况。例如，目前国内银行业发展较快，各家银行都在大量招人，而银行业现在的内部培训跟不上，造成了业务较全面的人才缺乏。但同时，高校金融专业毕业生及留学生回国就业的人士虽然较多，但主要集中在低端和高端两头，中端的技术型人才如金融工程师、精算师等却较为缺乏。所以，我们经常会看到，一方面金融机构高薪招揽人才，许多职位虚位以待，而另一方面高校财经、金融类专业的许多毕业生还是就业无门，被金融机构拒之门外，就业情况反差巨大。

（5）政府制定的有关政策不够完善。尽管国家出台了一系列促进大学生就业的政策规定，但很多还没有得到落实。不少地区限制毕业生就业的政策性障碍依然存在，例如，就业落户和人事档案流动配套政策不够完善，导致毕业生落实了单位而无法落户或单位不接受人事档案，造成毕业生就业难。人事制度、用工制度、户籍制度以及社会保障制度等方面的不配套，使毕业生到非国有单位就业、西部就业或自主创业会有后顾之忧，影响毕业生就业和创业。另外，由于全国各地经济、社会发展水平差异较大，使得大学生到基层就业的道路变得障碍重重。有些基层单位对大学生重视不够，甚至让其为自己"打杂"，极大地挫伤了大学生在基层工作的热情。目前鼓励大学生到基层和艰苦地区就业的政策虽然在一些地方已经取得了长足的进展，但总体来看，要形成一套完整的、覆盖面广的政策保障体系，对大学生构成足够大的吸引力还有相当长的距离。

（6）大学生的就业机制不健全。求职企业类型、求职区域选择偏好对就业的影响，需要政府加大宏观调控和政策引导的力度，消除政策障碍，健全社会保障体系，形成高校毕业生多元化的就业方式，特别是要引导和鼓励他们到基层、到艰苦的地区、到艰苦的行业去建功立业。建立了"进入"机制，同时还要建立"退出"机制，来去自由，允许退出，理解退出，只有这样才能够消除他们的后顾之忧。另外，我国毕业生就业实行的是"供需见面双向选择"的就业方式。但由于就业信息机制不健全，信息渠道不畅通，信息不充分等，严重影响着毕业生的就业。很多高校存在着"本位主义"，人为制造信息"壁垒"，使得毕业生在就业信息的获取上严重不对称。目前，教育主管部门逐渐重视毕业生需求信息填报机制，加大投入建立统一的毕业生就业信息网络，将就业工作信息化，健全高校毕业生就业信息反馈机制，从而实现人才市场、劳动力市场、大学生就业市场的统筹运作，通过互联网为高校毕业生与用人单位搭建方便快捷、覆盖面广、资源丰富的信息平台。

（7）就业市场不规范。在目前经济体制的转轨时期，大学毕业生的就业市场还有待进一步明确。高等学校更多地把毕业生视为其产品，从而充当供给主体的角色。例如，国家已经明确了大学生就业实行"双向选择"的市场就业模式，但作为供给方，很多高校仍然有派遣大学生到一些地区或者跨省的指标名额。各高校设置的毕业生就业指导中心、按行政区域设置的毕业生就业市场或毕业生就业指导中心，以及毕业生就业仲裁机构是目前毕业生就业市场的三个中介组织。这三个层次的中介组织虽大都已经建立，但其沟通供需双方市场信息、维护供需双方合法权益、促成合法交易有效形成和调解双方争议等功能还远未得到落实。此外，毕业生的就业权益也因为市场不规范而缺乏保障，经常受到损害。例如，毕业生与用人单位签约行为不受劳动法保护，缺乏相应的法规解决有关纠纷；用人单位拖延签约时间或单方解除协议时，毕业生权益得不到保障；用人单位对部分大学生存在歧视现象，如年龄歧视、户籍歧视、性别歧视、经验歧视以及学历歧视等。这种歧视使很多毕业生失去了很多机会，有的连面试的机会也被剥夺，这对高校毕业生的自信心是一种摧残，使某些毕业生就业之路更为坎坷，也造成了社会人力资源的巨大浪费，对社会的发展进步造成极大影响。

（8）就业指导力度不够。就业指导是高校帮助毕业生顺利就业的不可或缺的常规性工作。目前从总体上看，高校就业指导工作尚缺乏系统性、规范性和针对性。学生由于得不到来自学校的更全面、更具体的帮助，因此只能自己在实践中摸索，自己去了解信息、去调整目标和心态，但这难免会走弯路，浪费时间和精力。尽管多数高校都设立了就业指导中心，但专职指导人员不足，达不到教育部文件规定的学校专职从事大学生就业指导人员与毕业生的人数之比为1∶500的比例要求，同时还存在着就业指导队伍专业素质不够高，对就业政策的认识不全面、不深入，就业指导经费缺乏等问题。不少高校将就业指导和就业服务混同在一起，认为就业指导工作的主要内容是签合同盖章，向学生发布就业信息，或组织供需见面会等。此外，高校的就业指导内容也仅限于在毕业班开设就业指导课程，偶尔开设几次就业讲座、就业咨询或举行就业形势报告等。由于就业指导的方法一般比较简单，就业指导内容不充实、针对性差，往往只提供一些一般的就业信息和就业常识，指导意义远远不够。

2. 主观原因

（1）大学生择业期望值过高。择业期望值偏高是近年来一直困扰毕业生就业工作的一个主要问题。不少毕业生在择业过程中将自身价值定位过高，而实际能力又偏低，由此导致找工作时困难重重。同时，大多数的毕业生都渴望到沿海城市去发展，却缺乏投身中西部的吃苦耐劳精神。有调查显示，在理想择业地区的选择上，有37.6%的毕业生首选沿海开放城市，而愿到中西部边远和贫困地区的仅占7.3%，众多毕业生的要求偏高，对自己的期望也偏高。

（2）知识结构陈旧让大学生学无所用。现在已经进入知识经济时代，在大学学到的知识已经远远不够用。有关机构对2000多名已毕业的大学生进行调查，结果显示，30%的学生反映在校学习的知识离职场需求较远；30%的学生认为所学知识陈旧，要想在所学专业掌握更前沿的知识，需要自己通过上网、到书店、去企业、进图书馆或听讲座等途径来补充新知识。因此，知识结构是否能够不断更新，知识是否能学以致用，都事关大学生的就业。

（3）大学生创业困难。和过去几年相比，近年来在大学生群体中自主创业的人有所增加。2011年，中国青少年网络协会联合中国传媒大学调查统计研究所、中国青年网及中国共青团网等共同发布《全国大学生创业调研报告》。报告显示，八成被调查者对创业感兴趣，认为通过自主创业能够实现自我价值，享受人身自由。同时认为，资金、人脉关系以及市场环境是影响创业的主要因素，希望能够参加创业有关的辅导课程或相关实践活动。调查显示，在校学生渴望获得更多的创业辅导和实践机会。被调查者中，76.7%的在校大学生对创业感兴趣，并有26.8%的大学生打算今后创业，但只有14%的大学生参加过创业辅导课程或创业大赛，48.8%的被调查大学生希望能够提供创业相关的专业培训。而谈及创业指导课程内容时，大学生最需要的是人际交流与沟通技巧，其次是开展一些与自己专业相关的创业实践活动和市场营销活动。虽然这些年来大学生创业已经慢慢地被社会认可，但是大学生的创业资金投入等问题有待解决。因为贷款难申请，所以很多大学生被迫放弃自己的创业梦想。

第三节　就业市场形势

一、大学生就业市场的含义及类型

（一）大学生就业市场的含义

大学生就业市场是大学生择业、用人单位选人的场所，是毕业生就业涉及的各种关系的总和，市场主体是指毕业生和用人单位。大学生就业市场的形成不是孤立的、突变的、跳跃性的，它是随着我国经济体制改革、劳动人事制度改革、大学生就业制度改革的不断深入和发展而逐步建立和形成的。随着就业市场的逐步规范，大学生就业市场形成了不同于其他就业市场的类型和特点。

（二）大学生就业市场的类型和形式

大学生就业市场按其外在表现形式可分为有形市场和无形市场。有形市场是指有固定的场所、具体的时间和地点、特定的参加对象等。无形市场主要指毕业生联系工作不受特定的时间和空间限制，依据个人意愿，自行选择，其外在表现是没有具体的时间、地点和固定场所的，它是无形的，但又是客观存在的。

目前，有形市场按不同的分类标准，主要有以下几种形式：

1. 按举办的单位分

（1）单个学校举办的毕业生就业市场（如招聘会、洽谈会等）。它是针对本校毕业生的专业特点和服务行业，邀请与其密切相关的用人单位参加，主要为本校毕业生就业服务的市场。如长沙师范专科学校每年1月都要邀请数百家用人单位来校举办供需见面会。

（2）高校联办的毕业生就业市场。它是指两所或两所以上高校联合举办的毕业生就业市场，主要是为了克服就业市场规模小、单位少、效能差而实行的强弱联合或强强联合。

（3）企业自办的毕业生就业市场。它是由大型企业或企业集团举办的招聘本企业所需要的毕业生的就业市场。

（4）政府主管部门或人才中介机构主办的毕业生就业市场。如省、市、自治区主管毕业生就业部门组织各高校所设立的大学生就业市场或地方人事主管部门或人才中介机构所设立的人才市场。

2. 按举办的区域分

（1）地域性毕业生就业市场。它是由地方毕业生就业主管部门举办的，为本地区经济发展服务的就业市场。

（2）国际性毕业生就业市场。由国内外的人才中介组织举办的人才市场，实现毕业生在国际间的相互流动，招聘的人才可在国内外大型企业或跨国公司就业，形成了国际性的毕业生就业市场。

3. 按举办的类别分

（1）分科类毕业生就业市场。主要是地方毕业生就业主管部门从用人单位和学校两方面考虑，从市场细化的角度出发，把理、工、农、医、师等学科类的毕业生分别集中起来，与专业对号的用人单位双向选择。如有些省市每年春节前后举办的理工类、文科类、农林类、医学类、师范类专场双选会。

（2）分层次毕业生就业市场。主要是指招聘单位对学历层次的要求不同而形成的研究生就业市场、本专科毕业生就业市场等。如青岛市常年举办的中高级人才交流会、大中专毕业生交流会等。

（3）分行业毕业生就业市场。它是由中央部委主管毕业生就业部门主办的主要为本系统、本行业毕业生和用人单位服务的就业市场。如举行石油类、化工类、建筑类等专业人才招聘会。

当然，就业市场随着市场经济的发展已呈现多种多样的形式，用一种分类标准来划分就业市场有其局限性，有些市场已同时具备几种就业市场的特性。

虽然有形市场的作用是显而易见的，但无形市场在毕业生就业过程中的作用也越来越明显。随着信息化建设步伐的加快，教育部、中央其他部委、各地方政府和学校都在积极探索、建立并不断完善无形市场的建设。如建立了相应的毕业生就业信息网站和就业信息库，加强了就业信息的交流，实现了信息资源的共享。毕业生和用人单位通过计算机网络进行双向选择，大大提高了效率。网上招聘和网上择业模式发展很快。

二、大学生就业市场的特点

大学生就业市场经过了多年的发展，逐步形成了以下七个特点：

（一）群体性

每年全国有几百万毕业生走出校门，具有明显的群体性。

（二）时效性

毕业生一般从每年 7 月 1 日起离校并走向社会，它不是孤立的、分散的，而是集体的，在此之前大多数毕业生应落实到具体用人单位。由于落实就业时间紧、任务重且相对集中，因而具有强烈的时效性。毕业生在校期间的有效择业期约为 9 个月（当年 10 月至次年 6 月）。

（三）需求多变性

毕业生就业市场受整个社会政治和经济的影响较大，甚至受到国际经济发展态势的影响，其需求与经济和社会发展成正比，供求关系靠自身是不能调节的。

（四）形式多样性

毕业生就业市场形式灵活多样，既有有形的，也有无形的；既有规模大的，也有规模小的；既有综合的，也有分类的；既有区域的，也有部门的，等等。

（五）层次较高

与其他人才市场相比，大学毕业生是学有所长的专门人才，层次较高、素质较好、能力较强。教育部强调的"准入制度"，实际上就是为了保证高层次的大学毕业生就业优先。

（六）年轻化

年轻化是指毕业生的年龄一般较小，同时他们掌握的知识也"年轻"。年龄和知识均具有蓬勃的朝气和锐气，是社会急需的新生力量。

（七）初次性

毕业生初出校门，没有实践经验，且多为第一次择业，即初次就业。在此基础上实现的就业率称为初次就业率，它是衡量一所高校办学质量和办学水平的国际公认的重要指标。

毕业生可根据上述就业市场特点，从自己的实际情况出发，选择不同的市场就业。同时，市场是变化的，毕业生的就业策略和期望值也应随市场的变化而变化。当市场需求大时，毕业生可适度提高期望值，好中选优；当市场需求较小时，毕业生应及时调整就业观念，适当降低期望值，优中选高。当然，劣与优、低与高都是相对的，毕业生可酌情而定。

三、大学生就业市场的新变化

最近几年，我国大学毕业生就业出现了不少新变化，主要表现在以下五个方面：

（一）供求形势发生变化

我国高校大规模扩招以来，高等教育从精英教育走向大众化教育，大学毕业生数量迅猛增加。然而，社会的有效需求增长速度有限，直接影响的是大学毕业生供求关系发生变化，大学生就业市场由"卖方市场"转变成"买方市场"。同时，随着经济全球化步伐的加快，"人才国际化"步伐也在加快，大量海外归来的学子对我国国内大学生就业也造成了一定影响。还有，国有企业深化改革，人员下岗分流；机关事业单位减员增效等现实新情况，使那些原有的大学生就业主渠道单位接收毕业生的数量减少。这些变化使得大学毕业生就业竞争日趋激烈。

（二）专业需求发生变化

影响大学生就业的重要因素之一是大学生所学的专业是否符合社会需求。一些专业过热、人才需求紧缺，而另一些专业变冷、不景气，如随着高新技术产业的迅猛发展和国家对基础设施投资的加大，计算机、土建、金融、电子、机械、自动化、医药、师范等学科类专业的大学毕业生需求旺盛；而哲学、社会学、法学、经济学、农学、林学等学科类专业的大学毕业生需求时有波动。用人单位在看重"专业"的同时，还对大学毕业生的"专长"很重视，有专长的复合型人才是用人单位竞相聘用的对象。

（三）就业市场将进一步规范

近年来，在大学生就业市场运行过程中存在就业市场行为不规范、市场制度不健全等问题。如非法职业介绍机构随意插手毕业生就业市场，招聘和应聘中信息不通畅，甚至弄虚作假，供需双方轻率违约，就业合法权益得不到保护，各种乱收费现象以及某些招聘活动中非公开、非公正行为的存在等。这些问题严重干扰了大学生就业市场的正常运行。随着我国社会主义市场经济的不断发展和完善，就业市场也将进一步完善，并逐步走向规范化、法治化，公开、公正、公平竞争的良好择业氛围将会逐步形成。未来的就业市场也会逐步完善，不仅具有有效配置毕业生资源、交流供需信息的功能，而且具有就业指导和服务功能，即包括就业指导、服务、咨询、推荐就业、就业培训及就业测试等。

（四）无形市场发展加快

由于科学技术飞速发展，计算机网络技术广泛应用，毕业生可以通过网络等无形市场远程联系用人单位。网络、传真、电话等越来越便捷的通信工具让许多毕业生就业主管部门和高校纷纷建立起本地区或本校的就业信息网络，方便毕业生与用人单位的双向选择，大学生就业的无形市场得到了快速发展。

（五）宏观调控进一步加强

大学生就业市场虽然是在利用市场规律调节人才供求、优化人才配置。但是，大学生就业市场中存在着市场行为不规范、市场机制不健全等问题，需要国家加强宏观调控。近几年来，国家通过法律政策调控（如加强规范大学生就业市场的法律法规建设）、经济调控（如对自愿去国家重点建设单位、艰苦行业、边远地区以及基层工作的毕业生予以奖励）、信息调控（如打破行业间的相互封闭，沟通人才供需信息）等调控手段，使大学生就业市场进一步向规范化、完善化方向发展。

四、大学生要增强市场就业意识

（一）就业市场竞争日趋激烈

目前大学毕业生就业形成了"买方市场"，竞争日趋激烈。用人单位对毕业生的素质要求越来越高，选择毕业生更加理性。综合众多用人单位的招聘要求，可以看出具有下列素质和条件的毕业生将会受到用人单位欢迎，在激烈的人才市场竞争中更具有优势。

1. 具有较高的思想政治素质和良好的人品

在社会主义市场经济条件下，社会需要思想政治素养良好，品行端正的青年人才。如优秀毕业生、优秀学生干部、三好学生、共产党员及诚实守信的毕业生便在就业市场上大受用人单位的欢迎。

2. 具有强烈的事业心和责任感

事业心和责任感已是许多用人单位对毕业生素质的基本要求。用人单位特别欢迎事业心强、眼光远大、心胸开阔、意志坚定、具有强烈使命感和社会责任感的毕业生，而不看好追求眼前利益、只图实惠、自私自利、单纯追求个人价值实现的毕业生，尤其对刚到就业单位，稍不顺心就"跳槽"者非常反感。

3. 具有吃苦耐劳的创业精神

现在的大学生大多数是独生子女，依赖性强，从小到大家长、老师包办得过多，不少人最大的弱点是怕吃苦，缺乏实干的奋斗精神。因而许多用人单位十分看重毕业生是否具有吃苦耐劳的创业精神。那些缺乏吃苦精神，"骄""娇"习气十足，想坐享其成的人是不受欢迎的。

4. 具有扎实的基础知识、精深的专业知识和宽广的知识面

基础知识是大学毕业生的专业知识结构的根基，精深的专业知识是大学生知识结构的核心部分，广博的知识面可以使现代社会中的毕业生做到知识的广博相济、以博促专，形成自己的特长优势以适应社会的需求。在就业市场上，学习成绩优良、知识面宽、综合能力较强的毕业生普遍受到欢迎。外语四级、计算机二级及以上等级证书已是许多用人单位和一些城市接收毕业生的基本要求，更多的高层次单位还会要求学生外语达到六级以上。

5. 具有较强的动手能力和创新意识

动手能力是在社会生产一线工作的大学毕业生的必备能力，它是用较强的专业技术来解决实际问题的能力。许多用人单位在招聘毕业生时，总希望毕业生动手能力强，并具有一定的工作经验。例如，当过学生干部的毕业生之所以"走俏"，就是因为他们大多适应能力强，一上岗就能独当一面；学生在校期间有论文、作品、著作发表者之所以很"抢手"，也是因为他们用自己的"成果"证明了其实际能力和创新意识。

6. 具有互相协作的团队精神

现代社会越来越需要依靠集体智慧和力量，越来越需要发挥团队协作精神。因此，用人单位在招聘毕业生的过程中，十分注意考察了解毕业生是否具有团队协作精神。那些集体观念淡薄、自以为是、很难与他人合作的人往往是不受欢迎的。

7. 身心健康者

俗话说："身体是革命的本钱。"身心健康包含身体健康和心理健康两个方面的含义。身心健康是现代企业对人才基本素质的要求。如果一个毕业生在其他方面条件不错，但有严重的心理障碍或疾病，或者体弱多病，用人单位会更加慎重地聘用。一些用人单位在招聘过程中，对毕业生进行心理测试、身体健康检查等，就是对身心素质要求的体现。

（二）增强市场就业意识

大学生就业已经走向市场，且是其就业市场中的主体，享有自主择业的权利和自由，但同时也要承担就业竞争的压力和失业的风险。因此，在市场经济体制下，大学毕业生需要具有主动意识和自觉意识，树立自主就业的观念，积极地实现就业，自己把握自己的命运，这也是大学生就业市场主体性的体现。大学生要增强市场就业意识，就要关心就业市场动态，积极收集用人信息，根据社会需求变化的趋势和自身的特点，适时地调整自己的学业目标。比如，在校期间努力学习，全面培养自己的能力，有意识地接触社会，提升自己的综合素质，通过社会实践锻炼自己；在就业前恰当自我定位，撰写好个人自荐材料。做好随时进入大学生就业市场的各项准备。

第二章

大学生就业能力基本内涵

第一节 就业能力概述

一、就业能力的概念

就业能力的概念,最早是在18世纪初由英国经济学家贝弗里奇(William Beveridge)首次提出的,他认为独立个体步入社会时能够获得一份工作的能力就是就业能力。随后,随着西方经济快速发展,西方发达国家为了提升劳动者的从业积极性与就业技能,不断地对大学生就业能力进行研究。而我国关于就业能力的研究起步较晚,直到2002年才由郑晓明首次提出大学生就业能力这一概念。

就业能力是指大学生在合理地评估自我情况和劳动力市场需求后,积极寻求并成功获得与自己资格水平相匹配的理想工作,并能保持工作、胜任工作,且在必要时可以成功转换工作并获得相应成就所需的一系列知识、技能、能力与素质等的集合。通过对就业能力的定义可以看出,就业能力不是某一项能力,而是一系列相关能力和素质的综合,就业能力不仅可以帮助我们找到理想的工作,还可以提升我们的综合实力,能够实现自我发展。但值得注意的是,就业能力的提升不是一蹴而就的,它是一个缓慢积累、升华的过程,是以渐进式、螺旋式上升的形式进行的。

二、就业能力的特征

（一）系统性

能力是一个人在特定环境中，为了实现一定目的的各种特质的集合，这种集合并不是将各个能力简单相加，而是一个有机整合的整体。每个人都具备多种能力，这些能力不是一成不变的，而是随着时间发展而发展，是一个动态变化的过程，并且这些能力相互协调、相互影响，是一个复杂的系统。大学生的就业能力是与就业相关的多层次能力群，包括了一系列的知识、技能、能力、素质等，就业能力使得大学生不仅可以获得与其匹配的理想工作，还能够保持、胜任、转换工作。因此，大学生的就业能力是内部构成要素的有机结合，具有多级维度，各能力要素之间相互作用、互相协调，组合构成了一个完整的综合性的能力体系，包括大学生参加就业活动过程中自身具备的一系列能力要素以及不同能力间相互联系、彼此配合，也就是具有系统性。

（二）差异性

大学生就业能力的本质是人格特质的总和，不同个体必然带有个体的差异性。大学生就业能力的差异性主要体现在三方面：一是由于性别、专业和社会阅历等条件不同的大学生表现出的能力差异性；二是由于同一大学生个体自身的某一方面的能力相比于其他方面能力比较突出，也就是存在优势能力和弱势能力；三是由于不同岗位对大学生个体能力的要求具有差异，不同岗位的选拔标准不同。个体性因素和社会性因素是造成大学生就业能力差异的主要原因。个体性因素指的是个人的天赋和后天努力程度，社会性因素指的是家庭资源、学校教育等。

（三）发展性

尽管大学生就业能力具有相对稳定的构成模式，但对个体而言，就业能力不是先天具备的，而是需要通过不断地培养和学习才能形成。同时，就业能力又不是固定不变的，是持续动态发展的。因为能力的体现和活动存在一定的联系，如果没有活动那么能力无法体现，也不会有所发展，能力具有动态发展的特性，会伴随活动过程而实时发生变化，当社会结构因素和职业选择发生改变时，能力也会随之发生变化。就业能力经过外界环境的影响、主观努力以及实践锻炼等各种途径会得到进一步发展。所以说，就业能力是可以不断培养和提高的，具有发展性。

三、就业能力的分类

美国心理学家辛迪·梵（Sidney Fine）和理查德·鲍尔斯（Richard Bolles）将技能分为三种类型：可迁移技能、专业知识技能和自我管理技能。根据这个分类，结合当前大学生就业能力的特点，我们将就业能力分为：专业能力、可迁移技能和自我管理能力。

（一）专业能力

专业能力是指个体将所学的知识、技能和态度在特定的活动或情境中进行类化迁移与整合后能完成一定任务的能力。专业能力具有以下三个内涵：首先是必须具备专业能力才能胜任特定的职业，也可以理解为资格；其次是个体进入职场以后表现出来的专业素质；最后是职业生涯开始后管理职业的能力。每个职业都需要一定的特殊能力才能胜任，例如教师、医生、律师等职业。值得注意的是，专业能力可迁移性比较小，但专业能力又是一个人成为职业化人士的基本条件。专业能力主要包括专业知识、专业技能和专业学习规划能力。

1. 专业知识

专业知识是指从事某一职业需要掌握的基础理论知识，如生物学、医学、政治学、法学等。专业知识是专业能力的基础，是专业学习的理论支撑，也是衡量一个人专业素养的重要指标之一。

2. 专业技能

专业技能是指具体的、专业的针对某一特定工作的基本技能，如教师讲课、医生解释心电图、会计做账、体育教练示范动作等。这些专业技能都需要扎实的学科理论知识作为支撑。专业技能最显著的特点是它们需要经过有意识的、有目标的专门学习培训，在通过记忆掌握特殊的词汇、程序等专业学科知识的基础上获得。

3. 专业学习规划能力

专业学习规划能力是指在所学专业领域内，根据自身实际合理规划时间、进度，从而达到最佳学习效果的能力。专业学习规划能力不仅在大学阶段是重要的能力，进入职场后，也是提升个人能力的关键所在，它决定了一个人能否胜任、保持一份工作，并在岗位上实现人生价值。

（二）可迁移技能

可迁移技能是指可迁移的通用技能。可迁移技能指在某一种环境中获得，并可以优先迁移到其他不同环境中去的技能，是一个人能够持续运用和最能够依靠的技能。例如，某人从事保险推销员工作时练就的善于与人沟通交流的技巧，在其当上公司的销售经理时，也极有可能运用这些技巧同客户打交道，建立良好的关系。可迁移技能主要是在日常生活和活动中获得并能不断得到改善，并且在许多领域里都可以得到进一步完善和强化。总体上看，可迁移技能具有可迁移性、普遍性和实用性的特点，因此用人单位越来越重视大学生的可迁移技能，如果大学生仅拥有精湛的专业能力，会在专业技术领域取得成功，可是随着时间的推移，可迁移技能的缺失必然会成为职业发展的瓶颈。用人单位看重的可迁移技能主要有以下几类。

1. 学习能力

能根据实际工作和个人职业发展的需要，确定学习目标和方案，综合运用多种学习媒介和方法，不断自我培养、自我提升的能力。具体表现为能否自主学习与工作相关的知识，能否快速地掌握所需的新知识或新技术，能否接受新观念和变化，是否善于跟前辈请教工作相关的问题，并利用多媒体学习。简单地讲就是根据自身需要，能够主动学习新知识、新方法和新技巧。

2. 表达沟通能力

通过口头或书面语言形式以及其他适当表达方式，准确清晰地表达个体意图，和他人进行双向（或者多向）信息传递，以达到相互了解、沟通和影响目地的能力，包括倾听提问技巧、提供信息、让他人接受自己的观点、自信独特地表达自我观点等。在与他人沟通过程当中，要把握几个原则：善于倾听，学会肯定与反馈，关注对方的反应，勇于承认错误。

3. 解决问题能力

在工作中把理想、方案、认识转化为操作或工作过程和行为，并解决实际问题，实现工作目标的能力。解决问题的能力包括分析问题、处理抽象问题、对于一个问题提出若干解决方法并挑选出最适合的一种、运用批判性的思考方式看待各种因果关系、合理设置目标以及创造性思考等。

4. 创新能力

个体能够借助所学的相关理论知识与基本技能，通过自身努力，在不同的领域下创造性地获得新的方法和思想或者自我调整的能力。创新能力包括三个方面，分别为：
①创新思维：以新颖独创的方法解决问题的思维过程，通过这种思维能突破常规思维的界限，以超常规甚至反常规的方法、视角去思考问题，提出与众不同的解决方案，从而产生

新颖的、独到的并具有社会意义的思维成果。②创新意识：根据客观需要产生的不安于现状，执意于创造、创新的要求和动力。只有当人们具备了创新的意识，才能够激发更多的动力，从而实现释放创新激情，发挥创新潜能。③创新技能：就当前我国大学生的实际情况来看，在创新技能方面相对薄弱，所以在没有满足市场、社会对人才提出的需求的情况下，大学生就业有诸多的阻碍。

5. 团队合作能力

在实际工作中，在充分理解团队目标、组织结构和个人职责的基础上，与他人互相协调配合、互相帮助的能力，包括正确认识自我、尊重与关心他人、听取他人意见、采取正确的处理人际关系方式等。

（三）自我管理能力

自我管理能力，就是指个体所具有的特征和品质。良好的自我管理能力，可以帮助一个人更好地适应环境，因此这项能力是个人最有价值的"资产"，也是影响职业生涯成功与否的关键。自我管理能力主要由以下几方面构成。

1. 价值观

价值观是我们在生活和工作中看重的原则、标准和品质。价值观指向我们内心最重要的东西，它是我们强大的内在驱动力，能引导行为的方向，是自我激励的机制。

2. 个性品格

个人品格是指对自我具有理性认知，能够清楚识别内在情感，并且实现自我情感管理的能力。个人品格并非稳定不变，而是可以在大学学习期间通过参与形式多样的课外活动得到提升。优秀的个人品格有很多，如自信、自尊、自立、乐观、坚韧、勇敢、进取、勤奋、珍惜时间、注重行动、认真、诚实、正直、忠诚等，个性品格可以在一定程度上决定了一个人事业能否成功。

3. 职业责任感

职业责任感就是指一个人对待岗位和工作的态度，是一种在工作中应履行和承担的责任，它能使我们的行为更完善、更好地适应岗位的需求。职业责任感是职业对我们的需求，同时也是我们做人的准则。例如，医生就要尽全力救治病人，教师要教书育人。那大学生要如何培养职业责任感？这就要求我们，在学习和生活中，首先要做到对自己负责，其次要学会对别人负责，最后要学会对事情负责。

4. 敬业度

在现实工作中，敬业体现为是否能全身心地投入自己的工作中，做事情是否总是认真细致、一丝不苟，是否愿意付出更多的努力来完成任务，并且精益求精。大学生作为青年人才，是社会进步和发展的重要推动力量，青年大学生是否敬业，会直接影响他们的工作状态和职场表现，直接关系到个人的职业前景、企业的竞争实力和社会的良性发展。

5. 事业心

事业心就是指一个人想努力成就一番事业而为之奋斗的精神和热爱工作、希望取得良好成绩的积极心理状态。事业心强的人，能妥善处理好自己的能力和任务的完成情况，失败了也能正确对待。在工作中，有了事业心，才会产生进取心和自信心，才会激发主动性和创造性，才会有干事的激情、创业的豪情和敬业的痴情。虽然仅有事业心并不能够保证一定可以取得事业的成功，但没有事业心的人绝对不可能有什么大的成就。因此，培养和激励大学生的事业心有十分重要的意义。

6. 奉献精神

奉献精神是指对自己的事业不求回报的热爱和全身心付出，它不仅是一种态度，更是一种行动和信念，是社会责任感的集中体现。具有奉献精神的人，会把本职工作当成一项事业来热爱并完成，努力做好每一件事，善待每一个人，并从中寻找到属于自己的快乐。

第二节　提升大学生就业能力的意义

一、新时代大学生的特点

每个时代大学生有每个时代的特征，每个时代大学生有每个时代的特点，新时代大学生有朝气、有梦想，有个性、有眼界，是时代的先锋、世界的未来。

作为新时代大学生，与以往大学生相比特点明显。一是新时代大学生朝气蓬勃、思想活跃但略显自以为是。新时代大学生年轻得像早晨八九点钟的太阳，朝气蓬勃、思想活跃。他们自认为自己比较成熟，自己的看法都是对的，不盲目听从他人的观点，有独到的见解，有自己的个性和主见，不喜欢约束和被教育，不喜欢说教，不喜欢与人比较，更不愿意向别人学习；涉世未深的大学生过于稚嫩，过于单纯，但又桀骜不驯、自以为是；二是视野开阔、开放自信，但略显眼高手低。通信技术的发展和推行，使得互联网迅猛发展，原本安静的世界迎来了信息爆炸，原本广袤的世界变成了近在咫尺的地球村。身处其中的新时代大学生能够实时了解国内外大事，足不出户便可读万卷书，行万里路，可以随时随地开展各种学习，这使得他们视野开阔、自信满满。新时代大学生大都为独生子女，家庭条件较优渥，成长环境较优越，集长辈万千宠爱于一身，成长的道路上一般都一帆风顺，极少有独立处理问题和应对危机的机会。因此，在面对复杂问题和严峻的形势时，大学生一般会将事情想得过于简单，对自己过于自信，这往往会导致他们眼高手低，不能成功地处理好复杂的情况。三是好学上进、能力突出，但略显急于求成。接受过系统教育的大学生一般学习勤奋、好学上进。新时代大学生成长恰逢国家日益强大，学习环境较好，面对新事物机会较多，这使得他们一般勇于接受新事物和新知识，自主学习能力较强，具有创造性。与此同时，新时代大学生见证了国家的高速发展，经济的快速发展与社会的物质性使他们的价值取向更关注具体事物，目标更加明确，功利心更强。因此，在平时学习、生活和工作中，他们常常善于表现自己，急于证明自己，迫切需要得到他人的认可和肯定，急于求成，结果自然是事与愿违，以失败告终。

（一）大学生是实现"两个一百年"奋斗目标的主力军

"两个一百年"奋斗目标是我国、我党重大战略。党中央在党的十五大上首次提出"两个一百年"奋斗目标，在党的十六大、十七大和十八大上不断论述"两个一百年"奋斗目标，并逐步对相关内容进行了阐述。在党的十九大上，党中央给出了实现"两个一百年"奋斗目标具体时间表和详细路线图。党的十九大报告这样描述，"在2020年全面建成小康社会、实现第一个百年奋斗目标的基础上，再奋斗15年，在2035年基本实现社会主义现代化。从2035年到21世纪中叶，在基本实现现代化的基础上，再奋斗15年，把我国建成富强民主文明和谐美丽的社会主义现代化强国。"新时代大学生大都出生于21世纪，2020年我国全面建成小康社会之时他们刚好20岁左右，到21世纪中叶现代化基本实现之时他们又刚好50岁左右。新时代大学生一定和必定全过程参与"两个一百年"奋斗目标的建设，也必定是我国实现"两个一百年"奋斗目标的主力军和重要力量。

（二）大学生是实现中华民族伟大复兴中国梦的生力军

具体来讲，国家富强、民族振兴、人民幸福是实现中华民族伟大复兴中国梦的重要内容。国家富强即实现"两个一百年"奋斗目标，是实现中华民族伟大复兴的中国梦的现实基础；只有国家富强了，民族才能振兴，人民才能幸福，建成富强、民主、文明、和谐的社会主义现代化国家才能得以实现。时不我待、只争朝夕，经过千千万万新时代大学生的努力，中华民族伟大复兴的中国梦终将在一代代青年大学生的接力奋斗中变为现实。

（三）大学生是构建人类命运共同体的强大力量

"人类命运共同体"是在党的十八大上明确提出的，自提出后逐渐被国际社会认同。新时代大学生既是每个国家的希望和未来，也是世界的希望和未来，更是构建人类命运共同体的主力军。

二、提升就业能力对大学生的意义

提升大学生就业能力是大学生实现幸福的关键之一。幸福是一种感觉，是一个人得到自我满足后的感觉和情绪。客观因素和主观因素是幸福的两个重要影响因素。客观因素在于个人和家庭需要得到一定程度满足，主观因素主要在于一个人的幸福感觉。不难看出，提升大学生就业能力是大学生实现幸福的客观因素，也是大学生实现幸福的主观因素。

（一）提升大学生就业能力是实现幸福的客观因素

提升就业能力可以帮助大学生个人需要得到满足，可以让大学生拥有客观上的美好生活。大学生的需要主要涉及个人生存方面、个人发展方面和家庭生活方面。生存是人实现幸福的最低条件，而物质条件是解决人类生存的重要保障。一个人要想生存下去，需要水、食物等必备物质，也需要满足日常的吃穿住用行。就业能力的提升可以使得大学生找到心仪的工作和相应的劳动报酬，这些是解决吃穿住用行所必需的。从这个方面来看，提升就业能力可以很好地解决大学生的生存问题。个人的发展在于个人的自由全面的发展，人自由而全面发展是人个性发展的最高形态，也是马克思、恩格斯始终关注的问题之一。大学生就业能力提升的根本目的是为了自身全面发展。知识作为影响大学生就业能力的首要因素，是描述性知识、规范性知识、实践性知识和形式性知识的综合整体，是大学生重要的个体能力；技能作为影响大学生就业能力的核心因素，是知识技能、自我管理技能和可迁移技能的综合整体，是大学生不可或缺的个体能力；德行作为影响大学生就业能力关键因素，所包括的勤劳、善良、诚实、正直、忠诚、守信、负责、乐观精神、好学精神、敬业精神、务实精神、合作精神、进取精神以及创新精神等，都是大学生社会能力的重要内容。因此，大学生就业能力提升蕴含在个人全面发展之中，而个人全面发展也要求提升就业能力作支持。大学生自由发展是就业能力提升的主旨。人自由发展本质是不受阻碍的发展，大学生就业能力提升意味着其知识、技能、德性等能力可以满足企业和市场经济的需求和要求，为大学生在企业内部交流岗位、竞争上岗和更好的发展，甚至离职后重新获取新职业提供保障，使其发展不受任何阻碍，最终实现自由发展。大学生就业能力提升是实现幸福的重要途径。作为个人生活的重要方面，职业的发展和成功，不仅能够满足人的物质需要，还能充分实现人的价值并由此产生愉悦感，获得人生的幸福。对大学生而言，就业能力的提升意味着能够在激烈、残酷的就业竞争中找到心仪的工作，同时也为今后的职业发展和成功奠定厚实的基础。提升大学生就业能力也是美好家庭生活的保障。家庭是以婚姻关系、血缘关系或收养关系为基础，以情感为纽带，亲属之间所构成的社会生活单位。家庭是幸福生活的一种存在。物质保障是家庭得以产生、生存和生活的必备条件，也是家庭幸福的基础。提升大学生就业能力，获得较好的工作机会和工作岗位，可以为家庭提供更加丰富的物质生活，可以提供更好的物质条件，可以让家庭成员生活得更好。

（二）提升大学生就业能力是实现幸福的主观因素

提升就业能力可以帮助大学生感受幸福不仅体现在物质方面，而且更加注重精神方面。一个人客观上拥有好的生活并不代表他一定会感觉幸福，幸福与物质生活相关，但更多的与精神生活息息相关，与一个人的幸福满足感相关。个人的幸福感又与个人的知识、技能、人生态度和德性紧密联系。知识的学习可以让人获得满足感，在这条探究知识的道路上，一定是经年累月的苦苦钻研，潜心研究大量书籍，可以向众多学识渊博和有智慧的学者学习，以他们为楷模，积极追求精神上的满足。另外，一个人的知识越丰富，精神财富就越多，越能体会到自己的幸福。得到他人的认可是人的主要需要，一个人不只是追求物质满足，更主要的是能够实现人生价值，得到他人的认可。技能是一个人实现人生价值的重要内容，在相同条件下与他人相比，技能越好越能够得到他人和组织的认可，进而在事业的发展上也会更加顺利，也更能够实现人生的价值。人生态度作为人生观的重要内容，是人们对社会生活所持的总体意向，对人生所具有的持续性信念以及对各种人生境遇作出的反应方式，是人们在社会生活实践中所形成的对人生问题的稳定的心理倾向。一定程度上来讲，人生态度决定了个人的幸福，正确的人生态度是面对现实，怀揣梦想，积极进取，勇敢探索，笑对人生，永不放弃。人生旅途，难免会有困难、坎坷抑或沉重打击，当你面对顺境时不骄傲、不忘乎所以，当你面对逆境时，不泄气、不气馁，拿出勇气面对它并战胜它，这就是人生的最大幸福。品性是实现幸福的工具，也是获得幸福的条件。一个品性好的人，与他人交往时会真心待他、称赞他，他所处的环境就会好，个人的心情就会愉悦，这也是幸福生活的一种；当然，一个人的品性好，可以助推其职业的发展，实现个人的目的和价值，这也是幸福的重要内容。另外，像善良、敬业等基本的品性也是一个人的幸福必需的。

三、提升就业能力对国家的意义

（一）大学生就业能力提升是企业生存和发展的关键

企业是从事生产、流通和服务等活动的经济组织，是社会经济的基本单元，承担着为社会提供产品和负责的重要任务，是影响国民经济的重要因素。人才是指具有一定的专业知识或专门技能，进行创造性劳动并为社会作出贡献的人，是人力资源中能力和素质较高的劳动者。当然，人才应该是有品德有才能的人。人才是一个企业发展的核心力量，是决定着企业的生死存亡重要影响因素。人才是企业发展最重要的资源，只有有了人才，企业才能在市场竞争中取得优势；人才是企业的中流砥柱，是企业的发展命脉，是企业各种因素中最重要的；人才提供了生产力，促进了社会进步，指引着企业的发展方向。科技创新是企业生存和发展的核心，人才是创新的根基，是创新的核心要素；人才是创新的第一资源，没有人才优势，就不可能有创新优势、科技优势和产业优势。从人才的定义不难看出，就业能力强的大学生是人才的重要来源，也是一个企业所需的，是一个企业生存和发展的关键。随着社会发展和市场竞争日益激烈，增强自身核心竞争力是企业得以生存和发展的根本。大学生就业能力的提升，扩展了企业的人力资本，增强了企业的核心竞争力，是企业生存和发展的关键。一方面，就业能力提升使得大学生能够满足企业、市场的需求和要求，他们既可以在组织内部的不同岗位和角色之间转换，又可以在各自岗位发挥自己的才能，更大程度体现自身价值，实现了企业的经济效益和社会效益；另一方面，就业能力的提升使得大学生成为企业重要的人力资源，给企业的管理、技术以及创新等方面带来强有力的保证和竞争优势，使其在市场竞争中得以生存和发展。当然，大学生就业能力提升，还使得企业在员工培训等方面节约了大量成本，节省的大量人力、物力和财力也可以用于企业的再发展。

（二）大学生就业能力提升是高校凸显实力和可持续发展的关键

教育对人类社会意义重大，推动了人类社会的进步和发展。高等教育肩负着培养高素质人才的重任，承担着推进科学发展、科技创新的职责，推动着经济社会的发展，助力着强国富民。大学生是高校的根本，提升大学生就业能力是高校凸显实力和可持续发展的关键。首先，人才培养是高校的根本使命，人才培养质量的高低决定着高校的办学水平和实力高低，大学生就业状况是高校人才培养、办学水平以及办学实力的直接而重要体现，而大学生就业能力的高低直接影响着就业率和就业质量，所以说提升大学生就业能力是凸显高校实力的关键。其次，大学生就业关系着每个家庭，大学生就业能力低必定导致毕业生就业率低、就业质量差、就业情况不理想，进而"大学无用论""读书无用论"的声音便会影响人民群众对高校甚至是高等教育的信心，阻碍了高校和高等教育的可持续发展。最后，大学生就业能力低导致毕业生就业率低、就业质量差、就业情况不理想，必将使得家庭教育投入的回报率下降。经济宽裕的家庭为了追求子女的高学历不断加大教育投资，而经济较困难的家庭，则不堪忍受日益凸显的就业压力而迫使子女失学了，从而产生新的教育不公平现象，妨碍了高校和高等教育的可持续发展。

（三）大学生就业能力提升是社会稳定、经济可持续发展的关键

社会稳定是头等大事，没有和平与稳定的环境，就没有可持续的发展；没有稳定，发展就不会稳固，也不会持久。同时发展经济社会文化，也会反过来促进社会稳定。因此，社会稳定是经济发展的基石，经济发展是社会稳定的保障，社会稳定和经济发展相辅相成。确保社会稳定和经济可持续发展，对人民、对国家意义重大，事关广大人民最根本的利益，事关中国特色社会主义前途命运，更事关中华民族伟大复兴。大学生是国家的未来，民族的希望，提升大学生就业能力是社会稳定、经济可持续发展的关键。大学生成长成才的背后是家庭大量人力、物力和财力的付出，承载了每个家庭乃至全社会的寄托和希望。大学生就业不仅是每个家庭关注的问题，也是一个引起广泛关注的社会问题。就业能力不强导致的大学生不能顺利就业或就业质量不高，一定会使其成为边缘群体甚至不稳定因素，使得个人、家庭和社会的长期投资难以得到回报，民生难以得到保障和改善，这种事情一旦严重，必将影响社会的和谐稳定。大学生是国家和社会的宝贵人力资源，是现代化建设的重要主力军，对经济发展和建设起着关键性作用。近年来，大学生就业形势越来越复杂，企业招不到合适大学毕业生的同时，越来越多的大学毕业生不能顺利就业或就业状况不理想，其原因在于大学生就业能力和劳动力市场的需求不匹配。进入新时代，经济和社会的发展对大学毕业生提出了更新、更高的要求，单纯的知识性学习已经远远不能满足需要，具有相应知识、技能和德行等就业能力的大学毕业生才能够适应劳动力市场需求变化，才能成为宝贵的人力资源和经济发展的基础，服务地方经济能力，有利于社会的稳定，促进经济可持续发展。

第三节　职业能力与就业素质

一、培养职业能力

（一）大学毕业生所需要的职业能力

现代社会中，各类职业岗位对从事本行业岗位的工作人员，除对其有一定的知识结构要求外，还要求有从事本行业岗位的具体专业能力，同时还须具备一些基本就业能力。

1. 自我决策能力

决策是人类社会活动的一个重要环节，涉及社会中的所有人及各个领域，大到国家的政治、经济、军事、文化等，小到家庭、个人的计划。从日常生活到改造自然、改造社会都与决策有关。所谓决策能力，就是对未来实现目标的决断和选择的能力。良好的决策能力可以对实现目标和手段做出最佳选择，人们的决策过程，是一种思考过程，其中心环节是选择，要对各种方案做出优劣判断并进行取舍。对于即将毕业的大学生，选择何种职业走向社会，是人生的一个转折点，何去何从，是对自己决策能力的一个检验。因此，平时训练和培养自己的决策能力是十分重要的，培养决策能力要从小事做起，要培养多谋善断的能力，这样才能不断地提高自己的决策能力。

2. 环境适应能力

适应社会和改造社会是对立统一的两个方面。现实生活常常不尽如人意，五彩纷呈的现实生活使即将步入社会的大学毕业生眼花缭乱。人类文明总是在继承与创新的矛盾运动中发展的。适应社会，正是为了担当社会赋予大学生的职责和使命的前提。适者生存，生存正是为了发展。对社会、对环境的适应，是主动的积极的适应，不是消极的等待和对困难的反应，更不是对消极现象的认同，当大学生具备较强的社会适应能力，走向社会后才能够尽可能地缩短自己的适应期，充分地发挥自己的聪明才智。

3. 创新创造能力

创新创造能力是指人们在改造自然和改造社会的活动中所具有的发现、发明和创造的能力。能力人人皆有，只是水平高低、作用大小不同而已。只有那些思维敏捷并有创新精神，能在自然和社会发展过程中、面对难题或新问题能充分地发挥自己的才能，创造性地去解决问题的人，才称得上创造性人才。

培养创新创造能力必须做到以下几方面：一是要有近期和远期的职业规划和奋斗目标，有理想、有抱负和强烈的创造欲望和胜不骄败不馁的韧劲；二是要有敏锐的观察力和准确的判断力；三是要有批判糟粕、传承精华、开创新事物的开拓精神。任何发明创造都是继承和创新相结合的产物，人们要有效地创新，就要继承和汲取前人的经验和教训，继承性和思维独立性的统一是创造能力必备的思维方法；四是要有坚定的意志和顽强的毅力，以及吃苦耐劳的精神。

4. 人际交往能力

所谓人际交往能力，就是人通过语言和非语言符号传递思想和情感与信息的能力。在现代社会，培养良好的社交能力是一个人事业成功的重要条件。古人曾把个人与众人的关系比作"船和水"，不论在何种社会里，你能力强，就得人心。在社会上从事各项工作都要有一定的交际能力，许多事业成功者都是借助良好的人际关系，促使事业成功的。通过交往，可以使自己的设想和创造得到实践的检验和认可。积极参加社会活动，是提高交际能力的基本途径。

5. 实际操作能力

实际操作能力，是专业工作者必须具备的一种社会实践能力。在一切社会活动中，尤其是教学、科研和生产第一线等领域，没有熟练的实际操作能力，都是很难胜任相关工作的。

操作能力包括四个方面：一是迅速性，这是提高效率的重要条件；二是准确性；三是协调性；四是灵活性，大学生为了提高自己的操作能力，应该多看、多练，看得多、接触得多，才有可能提高自己动手操作的技巧和能力。

6. 组织管理能力

组织管理能力是指能成功地运用管理者的知识和能力影响机构的活动，并达到最佳的工作效果。组织管理水平的高低，已经成为衡量一项工作、一个部门、一个单位工作好坏的重要因素。尽管不是每个大学毕业生走上社会后，一定都从事组织管理工作，但是每个人将会在工作中程度不同地需要运用组织管理能力。现代社会表明，组织管理能力不仅领导干部、管理人员需要具备，其他专业技术人员也应当具备。现代科学技术已经综合化、社会化，科研规模日益扩大，协作趋势日益加强，便会出现组织协调问题。同时，现代社会的科学技术高度发展，每一项工作不可能完全依靠一个人去完成，都有一个相互协调、相互配合的过程。如果没有一定的组织协调能力，专业技术工作也是不能完成的。大学生可以通过在校期间应多参加社团或社会活动，参与策划组织一些校园活动有助于提高个人的组织管理能力。

7. 语言表达能力

语言表达能力是指运用语言阐明自己的观点、意见或抒发感情的能力，主要包括口头表达能力和书面表达能力。一个人要想让别人了解你、重视你，更好地发挥你自己的才能，其前提就是要有表现自己的能力。要准确地展现自己，就需要出色的表达能力。不是在参加工作走向社会后才会立即强烈地意识到这一点，而是在求职就业的时候就会有深切的感受。如撰写求职信、自荐信、个人材料，回答招聘人员提问，接受用人单位的面试等，每一个环节都需要较强的表达能力。锻炼语言表达能力，平时可以多参加一些社交活动、多读书，养成写日记的习惯等都有益于提高自身的表达能力。

（二）职业能力的培养和锻炼

大学是职业能力培养的关键时期，而工作后则是对职业能力的逐步完善和补充。在校期间，大学生应及时把握机会，在以下几方面做出努力。

1. 努力学好理论知识

理论是指导实践的指针，是完成实践活动的基础，不掌握一定的理论知识，能力培养就无从谈起。大学生应根据自己专业的需要，加强理论知识积累，建立起适应工作需要的知识结构。在积累知识的同时，还要注重灵活运用知识，提高自己分析问题、解决问题的能力。

2. 积极参加实践活动

一个人有了知识，会增添无穷的智慧，如果再具有很强的能力，便如同插上翅膀，可以在天空翱翔。大学生在掌握基础理论的同时，不能忽视对自己能力的培养，只有把理论和实践结合起来，把知识和能力结合起来，才能有所成就。大学生在校期间的实践锻炼应从以下四个方面做起。

（1）积极参与各项社会活动。有计划、有针对性地进行社会调查，广泛接触社会，从而增进对社会的了解，正确评价自我，摆正自己在社会活动中的位置，以此提高自己的社会活动能力和交往能力以及分析问题和解决问题的能力。近年来，大学生积极参加社会实践、勤工助学等活动。在社会实践中学生们可以开展形式多样的社会调查、科学研究、科技服务、生产劳动、支农支教、帮困助学以及文艺下乡等智力性较强的活动，在广阔的社会舞台上锻炼了自我,受益匪浅。

（2）抓住有限的实习时间,向有经验的人直接学习实践经验,提高实践能力。大学生在校学习期间,按教学计划安排,都有一定时间的参加生产实习和毕业实习。学生们一定要充分利用好这些机会,向有工作经验的人员学习,吸取他们多年的实践经验,来充实自己。特别是毕业前的实习阶段,是学生从校门走向社会,理论应用于实际的第一步,是对社会、未来从事的职业一次直接接触,是大学教学活动的最后一个但又十分重要的环节,它是对学生智力和能力的一次总检验和总训练。大学生应该重视这一环节,可以学到很多书本上学不到的知识,既能培养和锻炼自学能力、综合运用知识的能力和实际动手能力,又能使自己的创造性思维能力、工作学习的独立性和主动性得以提高,同时,通过实习,还可以增加对未来工作环境、工作性质、工作要求以及自己所学专业的应用范围的全面了解,从而发现自己的长处与不足,明确自己为适应未来工作学习和努力的方向。

（3）积极参加课外科技文化活动。现在越来越多的高校开始重视学生的课外科技文化活动。比如有全国性的"挑战杯"全国大学生科技学术作品比赛、全国大学生数学建模大赛,各种计算机网络大赛、市场营销模拟大赛、金融投资模拟交易大赛、广告设计大赛等比赛活动,不少品学兼优的大学生在参加活动的过程中,学到了知识,提高了能力,尤其提高了科研能力、动手能力和协作能力。实践证明,参加过课外科技文化活动的大学生走向工作岗位后,往往能很快适应环境,独当一面地开展工作,表现出较高的素质。所以,在校期间积极参加课外科技文化活动,是锻炼提高实践能力的重要途径。

3. 培养兴趣和爱好

爱因斯坦说过,"兴趣是最好的老师",可见兴趣和爱好是提高能力的内在动力。实践证明,当人们对某个问题感兴趣时,兴趣就会促使他经常主动感知和思索这方面的事物或现象,并努力进行观察和研究,排除一切困难去积极从事这方面的活动。兴趣能够使人思想活跃、观察敏锐,注意力恒定持久,从而培养创造性思维。大学生要围绕自己所学专业发展自己的兴趣爱好,并以这种兴趣爱好为动力,加强相关知识的学习和积累,全面锻炼和发展各种实践能力。

二、提升职业素质

（一）职业素质的内涵

职业素质是建立在职业理想与职业道德规范的基础上,根据劳动者的生理条件,通过专业教育、职业实践及自我完善等途径形成和发展起来的，是职业活动中起着重要作用的内在基本品质。

劳动者的职业素质具有五个方面的特性，即专业性、稳定性、内在性、整体性和发展性。专业性是指劳动者一般都具有一定的专门的业务能力；稳定性是指职业素质一经形成，便会在劳动者的个性品质中稳定地表现出来；内在性是指一个人对所从事的职业要求和专业知识的内化，它一经形成就以潜能的形式存在，在职业活动中展现出来；整体性是指劳动者的知识、能力和其他个性品质在职业活动中的综合表现；发展性是指随着社会发展和科技进步，劳动者必须从时代发展的需要出发，不断地提升和完善自身的职业素质。

（二）职业素质的构成

1. 思想道德素质

思想道德素质是指人在一定的社会环境和教育的影响下，通过个体自身的认识和社会实践，在政治倾向、理想信仰、思想观念、道德情操等方面养成的比较稳定的品质，它决定着人的行动目的和方向。人的思想道德素质主要是通过后天教育，通过知识的"内化"养成并不断提高的。坚定正确的政治方向在思想道德素质中是第一位的，正确的政治方向是将来从事多种职业，为国家和集体多做贡献的重要动力。职业道德是社会道德的有机组成部分，是社会道德原则和道德规范在职业生活中的具体表现。它包括职业态度、职业道德修养水平等。社会主义职业道德是每个劳动者在职业活动中必须遵循的行为规范，其核心是为人民服务。一个人只有具备一定的道德修养，才能在职业活动中刻苦钻研业务，忠实地履行岗位职责。

2. 科学文化素质

科学文化素质是指人们对自然、社会、思维、科学知识等人类文化成果的认识和掌握的程度。它包括科学精神、求知欲望和创新意识。科学文化素质是职业素质的基础。如果不掌握一定的科学文化知识并构建合理的专业知识结构，就不可能拥有过硬的职业素质。21世纪是一个信息技术、生物技术、新材料、新能源技术、空间技术和海洋开发技术发展的全新时代，这是迄今为止科技发展和社会发展史上规模最大、发展最快、影响最深的科技革命。由于时代的快速发展，知识更新速度加快，大学生工作后在学校所学的部分知识可能已无法适应社会和经济发展的需要。因此，大学生应在工作实践中不断学习先进的文化专业知识，拓宽知识面，提高自己的文化专业知识素养，以适应形势发展的需要。

3. 技术技能素质

技术技能素质是指任职者从事某种专门职业必须具备的智力技能和操作技能。智力技能，是指借助言语在头脑中进行的智力活动的方式，如阅读、心算、解题、作文等方面的技能；操作技能，又叫动作技能，指书写、打字、演奏乐器、使用生产工具等，当这些动作以完善合理的方式组织起来，并近于自动化时，就成为动作技能。动作技能与智力技能统一存在于人的实践活动中，二者既有区别，又有联系，并可相互转化。掌握技术技能，是就业的基本条件。掌握技术技能，也是开发智力，培养能力，在本职岗位上作出贡献的需要。专业技术技能的形成不仅是领会、巩固和应用知识的重要条件，更是对学生智能的发展，特别是职业活动中所需的独立工作能力和创造力的发展，具有极大的促进作用。技术技能在一定程度上决定了就业者在本职岗位做出贡献的程度。因此，为使自己能在职业活动中为社会作出更大的贡献，就必须掌握一定的技术技能。

4. 身心素质

身心素质是身体素质与心理素质的合称。身体素质是指大学生应具备健康的体格，全面发展的身体耐力与适应性，合理的卫生习惯与生活规律等。心理素质是指大学生应具备稳定向上的情感力量、坚强恒久的意志力量和鲜明独特的人格力量。身心素质是从事职业活动的重要条件，是成就事业的基础。身体素质是从事职业、成就事业的基本条件，健康的体魄和坚韧不拔的忍耐力为才能的充分发挥提供了动力。积极健康的情感使人思路开阔、思维敏捷，有利于大学生适应社会。

另外，意志是人类特有的心理现象，坚强的意志有助于战胜挫折，是成就事业的柱石。大学生在校期间积极参加各项有益身心健康发展的体育锻炼和社会活动，有助于自己的身心素质的不断提高。

总之，在市场经济体制和高新技术飞速发展的新形势下，大学生不仅要学好基础知识，掌握特定的专业技能，还要有良好的思想品德素质、强壮的体魄和健康的心理，只有这样才有可能在竞争激烈的市场中脱颖而出，在未来的工作岗位上取得辉煌的成就。

（三）大学生职业素质的提升

1. 大学生品德修养的提升

职业的种类虽然很多，但是，就从事职业最基础素质而言，一个人的"品性"是进入职业界的前提。好的品性修养包括如下几点。

（1）忠实。忠实不仅是对别人交代的事情尽心尽力，而且对自己从事的工作要竭尽全力，不浮躁应付。忠于自己的事业是一种美德，本着忠实的态度应对工作和学习，很有可能取得成功。

（2）诚信。诚信是待人接物的要素，也是职业上不可缺少的品性。"诚信"二字所涵盖的内容需要经过长时间的笃行才能实现。

（3）敬谨。"敬"是敬重所做的事。"敬"包含认真、精细、努力、忠实等意思，忠是敬的纲领敬是忠的实施。"敬事"，才能有所作为。孔子说过"敬而信"，还说过"居处恭，执事敬，与人忠，虽之夷狄不可废也。""谨"，意指小心翼翼。人对于事业必须注重，对于所做的事也要谨小慎微，小心应对。

（4）勤劳。无论公事大小、事情简繁，做事要勤勤恳恳、踏踏实实、一丝不苟。能吃苦，善做事，不偷懒，不躲避，不推诿。

（5）谦卑。在与他人相处中，成功来自谦卑和悦。无论在社会生活中，还是在日常工作中，必须做到富贵不骄，贫寒不贱，用心做事，谦卑待人。

（6）和悦。要有良好的精神状态，精力充沛。在工作中，要始终有一种饱满的工作状态。对人对事，只有打消畏难心态，方能应对自如。

2. 大学生知识技能修养的提升

（1）课内外结合，博览群书。大学生的学习不仅限于课堂内所学，还要多方面学习，广泛涉猎，以便触类旁通。

（2）慎交友，交良友。大学时期，结交什么样的朋友非常重要。好的同学和朋友，可以改善个人的德行，增长知识和经验。孔子说："益者三友，损者三友，友直，友谅，友多闻，益矣；友便辟，友善柔，友便佞，损矣。"正直、机敏、乐业的朋友是一笔很可观的无形资产，会给予我们潜移默化的影响。

（3）抓住机会，强化实践。大学期间，虽然不会存在很复杂、影响力极强的大事，但是，多参与社团等活动，直接或间接地参与一些事情的组织工作，可以了解和掌握解决问题的方法，树立应对事情的态度，可以增长胆量、见识、经验、思考力、判断力，有效地提高个人办事能力。"冰冻三尺，非一日之寒"，大学生知能修养的提升，不可能一蹴而就，必须靠日常的勤学力行，向他人学，向书本学，向社会学，潜心修学，才能实现知能的丰裕，满足工作的需求。

3. 大学生身体素质的提升

身体素质是完成职业工作必需的载体。人们在谈及人的素质时，往往忽略了"身体"

这一关键因素。青年大学生在身体修养的提升方面要注意的问题很多，如生活习惯、生活节奏，包括清洁、饮食、服饰、起居以及运动等。青年大学生，即便是满腹经纶、才华横溢，如果身体状况欠佳，做起事来也只能是心有余而力不足。

4. 大学生职业修养的提升

（1）敬业。树立"职业神圣"观念，庄子说："用志不分，乃凝于神。"意思就是运用心志不分散，高度凝聚精神，将自己从事的职业加以研究，勤勉从事。

（2）乐业。只有乐业，人才能从职业工作中得到精神享受。孔子说："知之者不如好之者，好之者不如乐之者。"人生能从自己职业中领略出趣味，生活才有价值和意义。

（3）责任心。古人云："一息尚存，此志不容稍懈。""鞠躬尽瘁，死而后已。"无论什么职业，责任心、责任意识是做好工作的内在动力。

（4）进取心。有了责任心，还必须有进取心，才能使事业发展起来。如果没有进取心，故步自封，工作上不想精益求精，事业就没有发展的希望。

（5）职业平等观。"七十二行，各有差别"，无论从事什么行业，做哪方面的具体工作，都是社会成员的一分子，都是在用自己的聪明才智为他人服务，为社会服务。因此必须摒弃职业贵贱观念，树立"职业平等"的意识。

三、提高职业道德修养水平

（一）职业道德的基本特征

1. 职业道德的概念

所谓职业道德，就是同人们的职业活动紧密联系的，体现职业特征的道德活动现象、道德意识现象和道德规范现象，是社会道德在职业生活中的具体体现，是在职业生活中处理和协调人与人、个人与社会、人与自然的关系的道德准则。职业道德由三个部分组成，即职业道德活动、职业道德意识和职业道德规范。这三个方面既相互区别又相互联系，职业道德行为与活动是在一定职业道德意识指导下产生的，而职业道德意识的产生正是人们通过一定的职业道德活动形成的，职业道德规范则是职业道德活动和职业道德意识的统一。

2. 职业道德的基本特征

（1）行业性。这是职业道德最显著的特征。职业道德是与人们的职业生活、职业活动联系在一起的，各种职业的从业内容、从业方式和从业要求不尽相同，它所规范的是每一种行业的从业人员的职业行为，不具有全社会普遍适用性，只适用于本行业。例如，商业职业道德强调公平交易、诚实守信，而医务人员职业道德强调救死扶伤、治病救人，这些都体现了职业道德的行为性。在某些情况下，一个行业适用的职业道德规范对其他行业的从业人员和本行业人员在职业活动之外的行为活动是不适应的。例如，教师为了因材施教，对学生施行"成功教育法"，对某些后进学生强化他们的优点、弱化他们的缺点，适当降低要求，让这些学生获得成功感，激发他们的自信心和积极性，最后取得进步。这种做法是符合教师的职业道德的，但却不适用于其他行业的人，也不适用于教师在职业活动之外的行为活动。当然，各行各业之间也有共同的职业道德规范要求。

（2）多样性。既然职业道德是与具体职业相联系的，而职业又是丰富多样的，有多少种职业就有多少种职业道德。例如，经商有"商德"，行医有"医德"，执教有"师德"，从艺有"艺德"，等等，同一行业的不同部门、不同岗位又有更具体的职业道德规范。

（3）明确性。各种职业道德规范是人们在长期职业活动中总结、概括和提炼出来的，一般采用一些简洁明了的形式，如公约、条例、守则、规程、须知等具体的规章制度，用来教育和规范本行业从业人员，并公布于众，接受社会监督检查。因此，它具有很强的针对性，要求非常明确，容易让从业人员理解，保证了职业活动的顺利开展。

（4）群众性。职业道德既包括个人的职业道德，又包括群众的职业道德。群众的职业道德即行风，不仅对社会风气有很大影响，而且对该行业中每位职工的职业道德也产生很大的影响，因此我们要正确认识和处理好群体职业道德和个体职业道德的关系，前者是后者的体现，而后者是前者的基础，就像经线和纬线织成一匹布一样，相辅相成。每个从业者都要正确处理好个人与集体的关系，树立"一荣俱荣，一损俱损"的观念。

（5）继承性。职业道德是在特定的职业实践中形成的，而人们的职业生活总是有连续性和继承性。每个时代的职业都是在继承前代的基础上发展起来的，所以每个时代的职业道德也具有明显的继承性，继承前代职业道德精华。例如，商业职业道德，从古代的"买卖公平""童叟无欺"，到现代的"顾客是上帝""诚信服务"；教师职业道德从《师说》中的"师者，所以传道、授业、解惑也"到今天的"教书育人，为人师表"，其中的精华是一脉相承的。

（6）实践性。职业道德是在长期的职业活动中形成的，渗透在职业活动的方方面面。职业道德行为的养成，离不开职业实践，只有在实践中才能熟悉职业体验职业，明确社会对从业人员职业道德的要求，才能把内心形成的职业道德情感、意志和信念变为自己个人的职业道德行为。职业道德的体现和检验都离不开职业实践，同时只有在实践中才能不断调整和丰富职业道德的内容。

（二）职业道德的主要内容

职业道德的内容是非常丰富的，包括职业理想、职业态度、职业义务、职业技能、职业纪律、职业良心、职业荣誉和职业作风等。

1. 职业理想

职业理想是指一定的职业道德原则和职业道德规范在一定的职业和从业者人格上的体现，是从业者对符合自己意愿的职业工作的种类以及对所达到的成就的追求和向往。职业理想是人类特有的一种精神现象，是同职业奋斗目标联系的、有实现可能性的设想和构想，是人们的职业信念和追求。它包括三个基本要素：一是社会生活发展的现实可能性；二是人们的职业愿望和要求；三是人们对社会生活发展前景的形象化构想或设想。

职业理想是伴随人生观的确立而逐渐形成的，一般来说，个人对职业的要求可以概括为三要素，即维持生活、发展人性和承担社会义务。人的职业理想受诸多因素的影响，既包括时代、社会、家庭等外在条件，也包括个性、爱好、特长、能力等内在条件。职业理想是在客观决定和主观选择的辩证权衡中确定的，因此我们必须处理好"职业理想"与"理想职业"的关系。当个人的职业理想在"理想职业"中实现的时候，当然皆大欢喜，春风得意，能够有效地激发工作积极性和创造性。但是，当个人的"自我设计"在现实中不能如愿以偿时，就会出现一些思想波动，产生一些负面效应。比如一个喜欢富有挑战性工作的人却从事着相对稳定的文秘工作，一个想从事写作的人却成了市场营销人员，反差是很大的，如何对待这种情况，就是让理想与现实对接，让自己努力去适应目前的职业，转移兴趣，在工作中逐渐获得成就感，大多数成功者都是经过了这样一个磨合的过程。所以，职业理想的确定既要考虑个人的发展，又要注重社会的需要。

2. 职业态度

职业态度是指从业者对所从事的职业的评价和表现出的行为倾向，是从业者对其他职业和广大社会成员履行职业义务的基础。职业态度的形成要受主观和客观两方面因素的影响，其中从业者的价值观念会对职业态度产生特别的影响。既能满足个人的需要和爱好，又和个人的价值观念相符的职业，人们就会产生积极的态度，反之则产生消极的态度。在社会主义国家，从业者是国家的主人，每个从业者都要尽自己的努力对从事的职业培养积极的情感，以认真负责的态度做好本职工作。社会主义职业道德态度最基本的要求是树立主人翁的劳动态度，能够在平凡的工作岗位上作出不平凡的贡献。

3. 职业义务

职业义务就是职业团体和从业者被赋予的职权、职责及对社会、对人民所承担的责任和义务要求。职业义务的特点是它的客观性及在一定程度上的强制性，即无论从业者是否能意识到，职业义务都是客观存在的，并要求从业者必须履行。例如，医务工作者的职业义务是救死扶伤，警务工作者的职业义务是维护社会秩序，教育工作者的职业义务是教书育人，等等。社会的健康发展建立在各种职业团体和从业者必须履行职业责任的基础上，职业义务作为一种责任是"应该做的"，但只有变为从业者的内心要求时，才能自觉地得到履行，而这种内心要求就是职业道德义务，是在高度的道德觉悟和高尚的道德境界的驱动下形成的。

4. 职业技能

职业技能是指从业者完成本职工作，承担职业责任必须具备的科学文化知识、专业技术能力。只有具备高超的职业技能，才能出色地履行职业责任，反之则会给国家和社会带来负面影响。从这个意义上讲，职业技能便有了道德意义，技能称职便是德，良好的职业技能是广大从业者对社会应尽的职业道德义务。因此每位从业者都应该努力学习科学知识和职业技能，刻苦训练以提升专业技能。提升大学生职业技能还要大力加强科学技术的普及工作。科学技术是第一生产力，世界范围的新技术革命推动全球经济，社会发展、人们的生活方式发生了日新月异的变化，许多国家都把提升国民的科学文化素质看成21世纪竞争成功的关键。中国的科学技术的普及工作做得还不够，当前和今后科普工作的重点是引导干部、群众掌握科学知识，应用科学方法学会科学思想，培养科学精神，始终高举科学旗帜，净化社会环境，搞好社会主义精神文明建设，为职业技能的提升奠定科学的基础。

5. 职业纪律

职业纪律是一种行为规范，它要求从业者在职业生活中遵守秩序、执行命令和履行责任，它是调整从业者与职业、与社会以及职业生活中局部与全局关系的重要方式。职业纪律要求从业者自觉服从服务单位的管理具体要求标准，遵守工作秩序，使职业活动正常进行，使社会机器正常运转。现代社会分工越来越细，职业要求的纪律也越来越严格和完善，每个从业者都必须严格遵守职业纪律，才能使个人事业健康发展，使国家、集体、个人利益得到充分保障。职业纪律是社会的法规性和道德性的统一，是从业者根本利益的保障。如果没有职业纪律，从业者的职业行为就会没有约束，我行我素，为所欲为。

6. 职业良心

职业良心是指人们在履行职业义务过程中形成的道德责任感、向善的意念和自我评价能力，是一定道德观念、道德情感、道德意志和道德信念的统一。

职业良心在职业生活中有着重要的作用。首先，从业人员在作出行为选择之际会对自己的行为动机进行审查，符合道德要求的予以肯定，不符合道德要求的予以否定。其次，在职业行为进行过程中，职业良心能够起到监督的作用，对符合道德要求的情感、意志和信念予以坚持和激励，对不符合道德要求的予以克服，在职业行为整体发展过程中保持正直的人格。最后，在职业行为之后，职业良心能对自己行为的后果和影响作出评价，对符合道德的良好后果和影响，内心感到满足和欣慰；反之，则感到内疚和悔恨，努力去改正错误，挽回影响。职业良心不仅具有调整职业行为的作用，而且有着广泛的社会意义，可以监督并保证从业者及企单位事业有效地完成职业任务，同时也从根本上维护国家、集体和个人利益，对全社会的物质文明建设和精神文明建设具有良好的促进作用。

7. 职业荣誉

职业荣誉是指对职业行为的社会价值所做的公认的客观评价和正确的主观认识，也就是对职业社会的赞扬和自尊自爱的自我意识。职业荣誉包括主客观两个方面，且这两方面互相联系和影响。从主观方面看，职业荣誉是自尊自爱的表现，要求从业者敬业爱岗，努力奉献，保持尊严、荣誉和人格；从客观上看，职业荣誉要求从业者刻苦掌握职业技能，严格遵守职业纪律，认真履行职业义务，这样才能赢得职业荣誉。在社会主义条件下，个人荣誉和集体荣誉是一致的，从业人员在事业上的成就是同集体的支持和培养分不开的，所以我们既要充分发挥每个从业者的积极性、创造性，对个人荣誉予以肯定和鼓励，保护和尊重。同时又要倡导每个从业者热爱集体，珍惜集体荣誉，充分发挥自己的才能，为集体增光添彩，形成"我以企业为荣，企业以我为荣"的观念。

8. 职业作风

职业作风是指从业者在其职业活动中表现出来的、体现其职业特点的态度和风格，是社会对职业特定的共同要求。职业作风在内容上具有较强的稳定性和连续性，各行各业都有各自不同的职业作风。例如，营业员的工作作风应该是热情、周到、耐心；警察的职业作风应该是勇敢善战、雷厉风行；教师的职业作风则是和风细雨、诲人不倦。为了使从业人员养成良好的职业作风，各行业、各部门都根据自己的实际情况制定出了服务公约、员工守则等并向社会公开，接受监督。职业作风具有潜移默化的教育作用，在一个行业中可以互相教育、互相影响、互相监督，像一个大熔炉，能使新的从业者养成良好职业道德，能使老的从业者继续保持良好的职业道德。职业作风体现了职业道德要求的精髓，甚至从某种程度上说，职业作风就是职业道德。

（三）职业道德的基本规范

1. 爱岗敬业

爱岗敬业是职业道德的基础和核心，是社会主义职业道德所倡导的首要规范，是对从业人员工作态度的一种普遍要求。爱岗和敬业，二者相互联系、相互促进。

爱岗是职业工作者做好本职工作的基础。爱岗就是热爱自己本职工作，是指从业人员能以正确的态度对待自己从事的职业活动，对自己的工作认识明确、感情真挚，在实际工作过程中，能最大限度地发挥自己的聪明才智，表现出热情积极、勇于探索的创造精神。爱岗是职业工作者做好本职工作诸多因素中必不可少的重要前提条件。

敬业是职业工作者做好本职工作的必要条件。敬业是指从业人员在特定的社会形态中，认真履行所从事的社会事务，尽职尽责、一丝不苟的行为，以及在职业生活中表现出来的兢兢业业、埋头苦干、任劳任怨的强烈事业心和忘我精神等行为。敬业是职业工作者对社会和他人履行职业义务的道德责任的自觉行为和基本要求。

爱岗敬业是职业道德中最基本、最主要的道德规范。二者是互为前提、辩证统一的。没有从业人员对自己所从事的工作的热爱，就不可能自觉做到忠于职守。但是，只有对工作的热爱之情，没有勤奋踏实的忠于职守的实际工作行为，就不可能做出任何成绩来，热爱本职也就只能成为一句空话。作为职业工作者，必须把对本职工作的热爱之情体现在忘我的劳动创造及为取得劳动成果而进行的努力奋斗过程中，以对本职工作全身心的爱推动自己在职业活动中做出优异成绩。

2. 诚实守信

诚实守信是从业人员职业道德的基础。诚实，就是忠实于事物的本来面貌，不歪曲和篡改事实，不隐瞒自己的真实思想，不掩饰自己的真实感情，不说谎，不作假，不为不可告人的目的去欺骗他人。守信，就是讲信用、讲信誉，忠实于自己承担的义务，答应了别人的事一定要去做。其中"信"字也就是诚实无欺的意思。

讲信誉，重信用，忠诚地履行自己承担的义务，诚实守信是职业道德的根本，是从业人员不可缺少的道德品质。作为从业人员必须诚实劳动，遵守契约，言而有信。只有如此，才能在市场经济的大潮中立于不败之地。否则，就不可能生存和发展。只有诚实守信，才能办事公道。办事公道要求从业者遵守本职工作的行为准则，做到公正、公开、公平。不以权谋私，不以私害公，不出卖原则。而做到这些就必须诚实守信。否则，就会凡事采取表面应付的态度，能欺则欺，能骗则骗，根本就不可能真正做到办事公道。只有诚实守信，才能服务群众。服务群众要求从业者尊重群众，全心全意地为群众服务，为群众办好事、办实事。要做到这些，没有诚实守信的品质是不行的。如果花言巧语，对群众说一套，干的是另一套；当面一套，背后又是另一套，就会失信于群众。只有诚实守信，才能奉献社会。奉献社会要求从业者全心全意地为人民服务，不图名、不图利，以为人民谋福利、为社会做贡献为快乐。而做到这些的关键，也是要有诚实守信的道德品质。否则，就会表面上说是为人民服务，实际上是"为人民币服务"；表面上说不图名不图利，实际上却是沽名钓誉；表面上说为人民谋福利、为社会作贡献，实际上却是谋求一己私利。

诚实守信在职业道德行为中的首要表现就是诚实劳动。诚实劳动是从业人员获得报酬的先决条件。社会主义社会实行"各尽所能，按劳取酬"的消费资料分配制度。每一个从业人员，只要为社会多工作、多创造物质或精神财富，付出了卓有成效的劳动，社会所给予的回报也会越多，这就是"多劳多得"。倘若付出的有效劳动少，工作出力少，那么社会所给予的收入回报也就少，这就是"少劳少得"。如果是游手好闲、好吃懒做，没有有益的劳动付出，只想做"官"，不做事，在其位而不谋其政，那么社会就不会给他回报，这就是"不劳不得"。提倡诚实劳动这一职业道德，是与社会主义的"按劳分配"原则相一致的。诚实劳动还体现在商品交易、金融交易、产品服务等经济活动中。在这些经济活动中，职业道德要求严格履行经济合同，不做假账，不偷税漏税，不偷工减料，不以假充真，不以次充好。

3. 办事公道

办事公道是指从业人员在办事情、处理问题时，站在公正的立场上，对当事双方公平合理、不偏不倚，不论对谁都按同一标准办事。人们所说的秉公执法、公正无私、处于公心，一视同仁等指的就是办事公道。

在日常生活中，办事公道是树立个人的威信和调动群众积极性的前提。在社会主义市场经济条件下，每一个市场主体不仅在法律上是平等的，而且在人的尊严与社会权益上也是平等的。人与人之间只有能力和社会分工不同，没有高低贵贱之分，大家应当相互尊重，平等互惠。对从业人员来说，对待服务对象，不论职位高低，不论民族阶层，都要一视同仁，热情服务。相反，办事不公道，实际上是把那些应服务于全社会全人民的职业变成只服务于社会的某一部分人的职业，甚至变为牟取私利的工具，使这些职业的社会性质发生根本的改变。

4. 服务群众

服务群众就是为人民群众服务，它是每个职业劳动者职业道德的基本规范。服务群众揭示了职业与人民群众关系，指出了职业劳动者的主要服务对象是人民群众。服务群众的具体要求就是每个职业劳动者心里应当时时刻刻为群众着想，急群众之所急，忧群众之所忧，乐群众之所乐，即要全心全意为人民群众服务。一个普通职业劳动者，作为群众的一员，既是他人服务的对象，又是为他人服务的主体。在社会主义社会，每个人都有权利享受他人的职业服务，每个人也承担着为他人做出职业服务的职责。

一切依靠人民群众，一切服务于人民群众，是我们党的一贯宗旨，是党的群众路线在社会主义职业道德中的具体体现。在现实生活中，在生产、科研、产品分配、交换、消费过程中，人们逐渐意识到，如果有谁不尽心尽力、尽职尽责地对待自己从事的工作，不尽最大努力为社会、为他人服务，就不能很好地发挥本职业岗位所具有的社会功能，国家、集体以及个人的实际利益就可能会受到损害和损失。每个职业劳动者，在进行职业劳动时，应自觉地尽心尽力、尽职尽责地服务于群众，将它看作社会有序化运转的良好社会条件，认真遵守服务群众的职业道德规范，做到心中有群众、真情待群众、尊重群众、方便群众、尽心尽责地为社会公众服务，为社会主义事业献计出力。

5. 奉献社会

奉献社会的实质就是全心全意为人民服务，一心为社会作贡献，丝毫不考虑个人恩怨与得失。一切从有益于他人，有益于社会公众，有益于民族与国家出发，只要对人民的利益有好处，就是再苦再累也心甘情愿，必要的时候甚至献出宝贵的生命。奉献社会是一种人生境界，它表现为助人、无私、奉献和牺牲精神，是一种融于一件一件具体的事情中的高尚人格。其突出特征包括：一是自觉自愿地为他人、为社会贡献力量，完全为了增进公共福利而积极劳动；二是有热心为社会服务的责任感，充分发挥主动性、创造性、竭尽全力；三是不计报酬，完全出于自觉精神和奉献意识。在社会主义道德建设中，我们要大力提倡和发扬奉献社会的职业道德。

爱岗敬业、诚实守信、办事公道、服务群众、奉献社会，这是社会主义职业道德的基本规范，奉献社会则是这五项要求的最高道德境界，也是做人的最高境界，是集体主义思想在人生观、价值观、伦理观上的升华，是一个超越市场经济，为整个社会生活服务的最高道德层面。一个能够奉献社会的人，同时也是一个有道德的人、高尚的人。

第三章

大学生就业形势及就业途径

第一节 大学生就业形势

一、影响大学生就业的因素

(一) 毕业生供给与岗位需求

当前,我国经济发展进入一个新常态,社会对高校毕业生的需求处于相对稳定的阶段,高校毕业生的人力资源供给增长的速度与经济增长速度不匹配,劳动力市场在短时间内难以吸纳全部高校毕业生就业。

(二) 经济发展与结构调整

在供大于求的前提下,就业问题宏观上只有通过大幅增加岗位来解决,而就业岗位的增长幅度与经济的增长幅度密切相关。当经济快速健康增长时,就业岗位相应增加;反之,岗位就会减少。我国在过去几十年间,国民经济快速发展,为社会提供了大量的就业机会。如今由于产业结构发展的不平衡和经济结构的变动,劳动力的供给结构与经济结构不相适应,进而导致了高校毕业生就业难。

（三）就业区域选择偏好

我国地域广阔、人口分布不均，各地区经济发展不平衡，人才需求也存在一定的地区差异。经济欠发达地区特别是中西部，很难对大学生形成规模性就业需求。但在国家实施"一带一路"倡议以来，这种情况有所好转。

相反，大中城市作为经济和文化中心，有更多的人才需求和发展机会，对大学生产生了更强的吸引力，同时由于人才济济，就业竞争激烈，就业难度大。

（四）高等教育的人才培养机制

高等教育是按照专业门类来培养学生适应职业需要的基本素质和能力的过程，通过公共基础课、专业基础课、专业课的教学活动和其他教育活动，使学生达到能够解决该专业一定问题的理论、技术和能力水平，从而形成适应某类或某种职业需要的专业特长。也就是说，大学生所受的专业教育直接制约其职业的适应范围，进而很大程度地影响就业。

（五）高校毕业生的就业能力

高校毕业生的就业能力是影响个人就业的根本因素，包括拥有的专业知识、实践技能和就业态度、择业技巧等。毕业生如果基于职业路径的需要，基于用人单位的需要积累就业能力，则更容易在就业市场找到合适的位置。

（六）高校毕业生的就业观念

高校毕业生的就业观念是指大学生基于对未来职业的认知、评价和工作岗位的初步体验，形成的一种较为固定的看法和态度。

就业观念对大学生就业具有导向和动力作用，它支配着择业主体对择业目标的期望定位和选择，支配着择业行为。正确的就业观念能够指导大学生对自己、对职业进行正确的评价和合理的定位，并能作出理性的选择。反之，错误的就业观念将使毕业生对就业产生过高或过低的期望，影响准确定位和选择。

二、大学生就业面临的机遇与挑战

（一）大学生就业面临的机遇

1. 政策环境更加宽松、有力

近年来，围绕推动和促进大学毕业生就业，国家出台了一系列方针政策，为毕业生充分就业提供了制度保障、政策保障和工作保障。例如，在自主择业方面，破除了一切部门限制和地区限制，毕业生可以在全国范围内自由流动；在自主创业方面，相关部门免除了创办企业的有关行政事业性收费项目，并可提供小额贷款资助；在鼓励下基层方面，除给予一定的生活保障外，还有落户、职称、考研、考公务员等优惠政策。可以说，现有政策涵盖了毕业生就业的各个方面，基本形成了比较完善的政策框架体系。

2. 党和政府非常重视大学生就业

党和政府高度重视就业问题，坚持"以人为本"，树立全面、协调、可持续发展的战略，促进经济社会和人的全面发展，为解决好我国的就业问题提供了思想认识基础。

党中央和国务院曾多次做出重要批示，要求各级党委、政府全力做好大学生就业与创业工作，并多次强调做好毕业生就业工作的重要性。党和国家根据不同的就业形势，每年都出台相应的就业政策和措施，各级党委、政府也把大学毕业生就业工作纳入了重要议程，出台了大量的政策，为毕业生顺利就业创造了良好的环境。例如，实施西部大开发、振兴东北老工业基地、促进中部地区崛起、鼓励东部地区加快发展的协调发展战略以及小城镇化建设步伐的加快等相关政策的施行，为解决就业问题带来了新的机遇。随着各项促进就业政策的深入落实和完善，政策效应将进一步释放，就业和创业环境将进一步改善。我国加入世界贸易组织，对外贸易不断增长，与世界经济联系得更加紧密，所有这些为解决我国的就业问题提供了良好的外部条件。大学毕业生是我国新增劳动力人口中的高素质人才，其就业问题受到党中央、国务院和各级政府的重视和关注，并加大了宏观调控的力度，制定了一系列促进毕业生就业的政策措施，大学毕业生就业工作在制度、服务体系、基层就业等方面取得了较好的进展，这些都为高校毕业生就业提供了有利条件。

3. 经济发展势不可当

解决大学毕业生就业问题，归根结底还得依靠经济发展的拉动和促进。我国经济的持续健康快速发展和建设和谐社会、创新型国家，坚持走自主创新道路的政策，将直接拉动和促进大学毕业生就业。经济增长方式的根本转变，经济结构的优化升级和我国工业化、信息化、城镇化、市场化进程的不断加快，将为大学毕业生创造更多施展才华的空间。在我国经济融入全球化经济的过程中，逐步进行一场前所未有的经济结构、产业结构的大调整，这带给了大学毕业生前所未有的机遇：人才竞争的国际化，为我国大学生境外就业提供了机遇；第三产业的迅猛发展，为大学生就业拓宽了行业领域；创业机制与环境的不断完善，为大学生进行自主创业创造了更好的条件。

4. 非公有制经济单位需求量急剧增加

非公有制经济作为社会主义市场经济的重要组成部分正飞速发展，并在国民经济领域中占有越来越大的比例，非公有制单位对人才的需求量也已经超过了国有单位。特别是东南沿海等发达地区因经济迅速增长，对大学毕业生的需求量急剧增加。

5. 高校就业政策和教学改革已见成效

近年来，国家逐步把毕业生就业工作纳入高校考核的重要指标，突出强调毕业生就业在高校改革和发展中的重要作用，积极倡导并严格要求高校的"一把手"对本校毕业生就业工作负总责，一级抓一级，层层抓落实，不论是在硬件投入还是在软件建设方面都取得了突破性进展。

高等学校要主动研究社会需求和就业形势的变化，转变办学指导思想，改变教学模式，加快学科专业结构适应性调整，积极推进教学改革，进一步加大对毕业生就业指导和就业服务的力度，努力协助学生寻找适合的就业机会，有效提升毕业生就业率。

6. 毕业生就业市场逐步规范

全国毕业生就业市场已经形成规模并逐渐走向规范化。随着知识经济时代的到来，就业信息的传播方式将发生根本性的变化，这种变化不仅使毕业生就业逐步实现信息化、网络化的远程服务，而且也促进了毕业生就业市场从传统的劳动密集型管理向以信息技术为基础的现代管理模式转变。随着毕业生就业人才市场的建立和完善，有关的规章制度也相继出台，因此大学生就业有了法律依据和保障。

7. 高新技术人才需求量非常大

知识经济成为现今世界经济发展的主流，高新技术企业在我国飞速发展，对高新技术人才的需求量非常之大，相应对与高新技术有关专业的毕业生的需求非常大，计算机及其应用、计算机软件、通信工程等专业在需求量排序中名列前茅。各地各行业目前都在积极吸引高新技术人才，争相提供优惠条件，创造良好的工作、生活和学习环境。这种日益浓厚的尊重知识、尊重人才的社会氛围，必然为毕业生就业带来更多的机遇。

（二）大学生就业面临的挑战

1. 社会就业观念滞后于就业形势的变化

我国正处在一个发生深刻变革的时代，这一时代形成了社会经济成分和经济利益多样化，就业岗位和就业方式多样化，社会组织结构与形式多样化。这些多样化的产生要求毕业生改变传统的就业观念，但不少毕业生和毕业生家长仍然是"铁饭碗、旱涝保收、衣食无忧"的就业观念，多数毕业生还是把就业单位的性质看得过重，希望在大城市、发达地区、收入较高、相对稳定的单位就业。相当一部分毕业生的择业期望值与社会现实有一定的差距，就业观念不能适应就业形势的变化，跟不上社会就业方式的变化，既影响了毕业生就业，也造成了人才的浪费。

2. 毕业生就业制度改革艰难

人事制度有待改善，人事部门对毕业生就业的申请报批手续过于繁杂，单位并没有多少真正的用人自主权，仍然需要按照接收毕业生一人一报批的手续，非公有制单位甚至没有审批进入指标的渠道。此外，目前这种审批程序和环节过多的人事管理体制还造成就业工作中存在毕业生就业工作部门职责不清、政策交叉等现象，致使许多就业改革措施难以施行。

3. 传统毕业生就业的主要渠道吸纳能力下降

随着改革的深入，传统的主要渠道吸纳毕业生的能力下降。

第一，政府机关长期以来是接收大学毕业生的主渠道，但随着政府机构大幅度精简和传统主渠道的吸纳能力逐渐下降，不能大量吸收大学毕业生特别是专科以下的毕业生。

第二，国有企业、事业单位由于负担过重，也在减员增效。

第三，一些直辖市和中心城市仍然对大学毕业生落户有比较严格的要求，对大学毕业生尤其严格，有的直辖市缩减了引进外地生源毕业生的数量，一些中心城市对毕业生落户增加了专业限制，不利于促进毕业生就业。

第四，随着我国经济的快速发展，企业对人才的要求越来越高是大势所趋，但某些用人单位故意抬高门槛，造成了人才高消费现象，使用人单位的需求和毕业生实际情况之间的矛盾日益凸显。

4. 大学毕业生面临供需总量的高压

目前，社会对劳动力的需求在宏观上呈现为劳动力供大于求。昔日被誉为"国之栋梁""天之骄子"的大学生面临较大的就业压力和难度。在此大背景下，大学毕业生数量逐年增长，就业需求规模进一步扩大，社会有效需求赶不上毕业生规模增长的问题日趋严重。虽然有观点认为大学生就业难与扩招并无直接关系，但突进式或跳跃式的高等教育规模扩张方式所带来的大学毕业生供给跳跃式增长，必然会与稳定的经济发展水平对人才的需求产生剧烈矛盾，使社会对毕业生需求量增长速度滞后于毕业生人数增长速度，导致有效需求不足。虽然国家在大力发展经济，扩大内需，逐年增加就业岗位，但和新增劳动人口的数量相比，显然还有差距。

5. 部分高校人才培养目标与社会需求脱节

部分高校没有根据社会需求制订培养计划和目标，与市场需求脱节。就业指导工作与教学呈现"两张皮"的现象：一是课程设置、专业设置与就业指导脱离；二是学生的社会实践活动与就业指导脱离，对就业指导工作的重要性认识不足，毕业生就业指导的专业化程度不高，一般处于"临阵磨枪"型粗放式指导，缺乏一支专业化的就业指导队伍，导致毕业生中"学术型"人才泛滥，就业艰难，同时"技能型"人才匮乏，社会需求无法得到满足。

6. 社会对于毕业生学历层次的需求越来越高

目前我国中高层次的人才严重短缺，社会对高层次的复合型、外向型和开拓型人才的需求日益迫切，呈现出对人才结构的需求层次重心上移的趋势。在毕业生就业中研究生已越来越"抢手"，本科生还能基本平衡，专科生则较明显地呈现出供过于求的趋势。高校、科研单位、机关、大公司已经基本上以接收研究生为主。这种社会现象致使现在不少用人单位存在"人才高消费"的错误观念，盲目追求高学历人才，因而对毕业生的需求出现扭曲，人为地制造了就业难。

7. 毕业生就业需求的结构性矛盾依然突出

结构性矛盾是国家就业的主要矛盾，它突出地体现为区域的不均衡，即大量毕业生过分集中在东部沿海发达地区和大中城市竞争数量有限的就业岗位。中西部地区、广大基层却面临着人才匮乏又难以吸引毕业生的局面，导致"无业可就"和"有业不就"并存的状况。这种情况不是短期内形成的，成因也错综复杂，解决难度很大。大学毕业生依然面临这种结构性就业难题。多数新增毕业生的就业岗位层次趋于下降，薪酬、福利减少；非正规就业岗位比重增加，适合大学毕业生就业的高端服务业岗位不足。因此，以就业和社会需求为导向的大学高专教育改革仍需进一步深化。

第二节 大学生就业法规

一、就业法规的含义

就业政策法规是指国家和各级地方政府及高等院校，为促进大学毕业生就业工作而制定的基本原则以及具体的实施程序、实施办法、权益和义务等方面的规定，主要包括教育部及其他有关部、委和各级地方政府、培养学校为大学生就业工作颁布的有关文件。大学毕业生应学会用政策法规保护自己的权益，使自己在求职时少走一些弯路，少遭受一些不必要的损失。令人遗憾的是，毕业生往往对这方面的信息不够重视，只在就业过程中出现争议或者自己受到伤害时，才想起有关的政策和法规条文。

二、就业政策法规的作用

（一）提高就业成功率

在求职之前，求职者应先掌握就业政策法规，它可以指导求职者按正确的方向去求职，减少失误，节约时间、精力和财力，也可以帮助求职者了解国家的相关奖励或优惠政策，从而更理性地选择。毕业生在这样的就业政策法规许可范围内求职择业，能够保证就业的有效性，提高就业的成功率。

（二）确保就业公正性

毕业生在求职择业过程中，由于缺乏相关的工作经验，而处于相对弱势的地位。因此，有关部门针对目前就业市场中存在的一些不规范、不公正的现象制定了一系列就业政策和法规条款，来保护大学毕业生的合法权益。当然，就业的政策法规对供需双方都是公平的，即毕业生自己如果违反了相应的政策法规，也要受到相应的处罚，承担相应的责任。比如找工作，双方签订协议后如果公司违反协议，工资数低于规定，或者私自解雇毕业生，毕业生可以提出劳动仲裁维护自己的权益，得到相应的赔款，但如果毕业生自己违约，也需要支付违约金。

三、《中华人民共和国劳动法》的相关内容

（一）劳动者的权利和义务

劳动者享有八项权利：①平等就业和选择职业的权利；②取得劳动报酬的权利；③休息休假的权利；④获得劳动安全卫生保护的权利；⑤接受职业技能培训的权利；⑥享受社会保险和福利的权利；⑦提请劳动争议处理的权利；⑧法律规定的其他劳动权利，如：依法参加组织工会的权利，参与企业民主管理的权利，进行科研及技术开发的权利，

对劳动过程中的违章行为进行监督和批评的权利。劳动者应履行的五项义务：①完成劳动任务；②提高职业技能；③执行劳动安全卫生规程；④遵守劳动纪律；⑤讲究职业道德。

（二）工作时间和休息休假

国家实行劳动者每日工作时间不超过 8 小时、平均每周工作时间不超过 44 小时的工作制度。用人单位由于生产经营需要，经与工会和劳动者协商后可以延长工作时间，一般每日不得超过 1 小时；因特殊原因需要延长工作时间的，在保障劳动者身体健康的条件下延长工作时间，每日不得超过 3 小时，每月不得超过 36 小时。国家实行带薪休假制度，劳动者连续工作一年以上的，享受带薪休假。

（三）关于工资

工资分配应当遵循按劳分配原则，实行同工同酬。用人单位根据本单位的生产经营特点和经济效益，依法自主确定本单位的工资分配方式和工资水平。用人单位支付劳动者的工资不得低于当地最低工资标准。工资应当以货币形式按月支付给劳动者本人，不得克扣或者无故拖欠劳动者的工资，劳动者在法定休假日和婚丧假期间以及依法参加社会活动期间，用人单位应当依法支付工资。安排劳动者延长工作时间的，支付不低于工资的 150% 的工资报酬；休息日安排劳动者工作又不能安排补休的，支付不低于工资的 200% 的工资报酬；法定休假日安排劳动者工作的，支付不低于工资的 300% 的工资报酬。

四、《中华人民共和国就业促进法》的相关内容

（一）劳动者的平等就业权

平等就业，反对就业歧视一直为社会所关注。《中华人民共和国就业促进法》（以下简称《就业促进法》）对于平等就业问题以多个条款做出了规定，其中第三条规定了基本的原则："劳动者依法享有平等就业和自主择业的权利。劳动者就业，不因民族、种族、性别、宗教信仰等不同而受歧视。"除此之外，该法其他条款的规定如下所述。

第二十六条规定：用人单位招用人员、职业中介机构从事职业中介活动，应当向劳动者提供平等的就业机会和公平的就业条件，不得实施就业歧视。

第二十七条规定：用人单位招用人员，除国家规定的不适合妇女的工种或者岗位外，不得以性别为由拒绝录用妇女或者提高对妇女的录用标准。用人单位录用女职工，不得在劳动合同中规定限制女职工结婚、生育的内容。

第二十八条规定：用人单位招用人员，应当依法对少数民族劳动者给予适当照顾。

第二十九条规定：各级人民政府应当对残疾人就业统筹规划，为残疾人创造就业条件。用人单位招用人员，不得歧视残疾人。

第三十条规定：用人单位招用人员，不得以是传染病病原携带者为由拒绝录用。但是，经医学鉴定传染病病原携带者在治愈前或者排除传染嫌疑前，不得从事法律、行政法规和国务院卫生行政部门规定禁止从事的易使传染病扩散的工作。

（二）公共就业服务机构

为了实现促进就业的目的，《就业促进法》规定了很多大政方针，如县级以上人民政府建立健全公共就业服务体系，设立公共就业服务机构，而且，明确规定该公共就业服务机构是公益性的，为劳动者免费提供服务，不得从事经营性活动。公共就业服务机构主要为劳动者提供免费服务如下：①就业政策法规咨询；②职业供求信息、市场工资指导价位信息和职业培训信息发布；③职业指导和职业介绍；④对就业困难人员实施就业援助；⑤办理就业登记、失业登记等事务；⑥其他公共就业服务。

（三）就业援助制度

就业提供援助服务是《就业促进法》新提出的制度，也是该法又一大值得关注的亮点。该法第五十二条规定，各级人民政府建立健全就业援助制度，采取税费减免、贷款贴息、社会保险补贴、岗位补贴等政策，通过公益性岗位安置等途径，对就业困难人员实行优先扶持和重点帮助。比如，政府投资开发的公益性岗位，应当优先安排符合岗位要求的就业困难人员。对就业困难人员实施重点帮助，提供有针对性的就业服务和公益性岗位援助。

就业困难人员可以向住所地街道、社区公共就业服务机构提出援助申请，经公共就业服务机构审核确认属实的，可获得就业援助。

五、《中华人民共和国合同法》的相关内容

《中华人民共和国合同法》（以下简称《合同法》）是一部调整平等主体的自然人、法人、其他组织之间设立、变更、终止民事权利义务关系协议的法律。毕业生与用人单位签订就业协议也应符合《合同法》的有关规定。因此，毕业生在与用人单位签订就业协议之前，应对《合同法》的有关规定进行了解，以使签订的就业协议能体现自己的真实意愿，更好地维护自己的合法权益。

《合同法》规定：合同当事人的法律地位平等，一方不得将自己的意志强加给另一方。当事人依法享有自愿订立合同的权利，任何单位和个人不得非法干预。当事人应当遵循诚实守信原则，当事人订立、履行合同，应当遵守法律、行政法规，尊重社会公德，不得扰乱社会经济秩序，损害社会公共利益。依法成立的合同，对当事人具有法律约束力。当事人应当按照约定履行自己的义务，不得擅自变更或者解除合同。依法成立的合同，受法律保护。

当事人订立合同，应当具有相应的民事权利能力和民事行为能力。当事人依法可以委托代理人订立合同。当事人订立合同，有书面形式、口头形式和其他形式。当事人订立合同，采取要约、承诺方式。

第三节　就业协议与就业权益

一、签订就业协议

（一）就业协议书的概念

《中华人民共和国劳动合同法》（以下简称《劳动合同法》）第七条规定：用人单位自用工之日起即与劳动者建立劳动关系。用人单位应当建立职工名册备查。第十条规定：建立劳动关系，应当订立书面劳动合同。已建立劳动关系，未同时订立书面劳动合同的，应当自用工之日起一个月内订立书面劳动合同。用人单位与劳动者在用工前订立劳动合同的，劳动关系自用工之日起建立。

若研究生在毕业离校前与用人单位达成了就业意向，需要通过条款固定下来，鉴于毕业生与单位达成意向时尚属学生身份，不能到单位工作，未能构成劳动关系，因此无法直接签订劳动合同。此时需要签订就业协议书这种带有过渡性质的条款。

就业协议是研究生毕业离校前，在学校的见证下，与用人单位达成明确的就业意向之后，签订的具有约束效力的协议，对双方的责权进行明确规定。协议书的内容一般包括双方基本信息、户档转接信息、工作期限、工作岗位、工作地点、报到期限、试用期、试用期的薪酬以及转正之后的薪酬、协议履行、协议解除和协议例外等。有些高校、用人单位或地区已经实行网签，无论纸质协议还是网签协议，本质上是一样的。

（二）就业协议书的作用

1. 就业协议书是毕业生就业和用人单位接收毕业生的重要依据

在毕业生就业制度中，为了合理配置劳动力资源，充分发挥人才的作用，国家赋予毕业生自主选择工作的权利，同时为了调动用人单位的积极性，国家把自主录用人才的权利赋予用人单位。同样具有自主权利的双方，在国家就业政策的指导下，通过双向选择，达成一致意见，并以书面的形式确定下来，这就是签订就业协议书。其目的是保护毕业生和用人单位各自的权益，同时，它也成为毕业生就业和用人单位录用毕业生的重要依据。

2. 就业协议书是学校实施毕业生就业管理、编制就业方案的重要依据

国家为宏观控制毕业生流向，保障急需人才的补充，就要使就业有一定的计划性。因此，学校要以就业协议书为依据编制毕业生就业的建议性方案，报上级毕业生就业主管部门审批。同时，学校为了加强对毕业生就业工作的管理，维护毕业生和用人单位的合法权益，保持与用人单位的合作关系，维护高校自身的信誉，要参与就业协议的签订并监督执行。

3. 就业协议书是进行毕业生派遣的根据

国家颁布的《普通高等学校毕业生就业工作暂行规定》明确规定了地方主管毕业生调配部门和高等学校依据三方就业协议书，按照国家下达的就业计划，向毕业生核发报到证并进行派遣。派遣毕业生统一使用《全国普通高等学校本专科毕业生就业报到证》。就业协议书是进行毕业生派遣的依据，学校根据政府审核批准的就业计划，发给毕业生就业报到证，毕业生持报到证在规定的时间内到指定单位报到，并办理户籍关系的迁移。

4. 就业协议书是进行劳动统计的重要依据

就业协议书能够准确反映用人单位的劳动需求，反映劳动力市场对毕业生的需求情况。学校每年依据就业协议书来编制就业计划，落实当年的就业率指标，给国家提供相关就业数据。同时还可以通过对就业信息进行统计、分析和对比，及时调整专业学科设置，促进教学改革，使其更好地适应劳动力市场需求。

5. 就业协议书可维护和保护各自的权利及利益

办理就业协议书有利于明确用人单位和毕业生各自的权利和义务，保护各自的权利，维护各自的利益。

（三）就业协议的内容

目前我国高校毕业生通用的就业协议是由教育部拟定，省、自治区、直辖市就业主管部门印制的《高等学校毕业生就业协议书》。其主要内容包括以下三个部分。

1. 规定条款

按照《普通高等学校毕业生就业工作暂行规定》的要求，为维护国家就业计划的严肃性，明确毕业生、用人单位以及学校三方在毕业生就业工作中的权利和义务，经协商，毕业生、用人单位以及学校三方签订如下协议。所签订的就业协议书将作为制订就业计划和派遣的依据，否则国家不能派遣毕业生到用人单位报到就业。

2. 签署意见与签字盖章

签署意见与签字盖章是签约的实质性工作，是各方对就业工作意愿的具体表达。这部分将具有"白纸黑字"的法律效力，通常包括三个方面的内容。

第一，用人单位的情况及意见。这部分内容由用人单位填写，内容包括单位名称、单位隶属、联系人、联系电话、所有制性质、单位性质、毕业生档案转寄详细地址以及用人单位的意见和用人单位上级主管部门的意见。

第二，毕业生的情况及意见。这部分内容由毕业生填写，内容包括姓名、性别、年龄、民族、政治面貌、培养方式、健康状况、专业、学制、学历和家庭地址以及毕业生的意见，毕业生的意见要求毕业生对是否愿意到用人单位就业表明自己的态度。

第三，学校意见。这部分主要包括两级意见：学院意见（毕业生所在单位的基层意见）和学校意见。学校对就业协议书进行实质性审核，表明了学校对毕业生与用人单位所签的就业协议书的态度。

3. 备注

备注是为毕业生、用人单位以及学校三方共同约定的其他条款设定的。备注中毕业生与用人单位约定的条款如果不涉及学校的有关规定，不违反政策，并只在毕业生与用人单位之间有约束力，学校是不予干涉的。

（四）就业协议书的管理

就业协议书由省级就业服务部门集中印制，部分高校参照省级标准自行印制。由于研究生教育实行弹性学制，学校一般会按照理论上的毕业年份批量印制协议书，原则上每位毕业研究生有一份就业协议书。实行二级管理的院校，由学院负责协议书的管理和下发。就业协议上甲方是用人单位，乙方是毕业生，学校和学院属于见证方。协议书一式四联，分别是学生联、用人单位联、学校联和学院联，完备的协议书需要学生本人签名，用人单位、学校和学院加盖具有法律效力的公章。

（五）就业协议订立的原则

1. 主体合法原则

签订就业协议的当事人必须具备合法的主体资格。对毕业生而言，合法的主体资格就是要取得毕业资格，如果毕业生在报到时未取得毕业资格，用人单位可以不予接收且无须承担法律责任。对用人单位而言，必须具有从事各项经营或管理活动的能力，单位应有录用指标和录用自主权，若不具备，毕业生可解除协议且无须承担违约责任。对高校而言，应根据用人单位的要求如实介绍毕业生的在校表现，并将所掌握的用人单位的信息发布给毕业生。高校在签订就业协议过程中应进行监督和指导。

2. 平等协商原则

当事人在签订就业协议时的法律地位平等，一方不得将自己的意志强加给另一方。学校也不得采用行政手段要求毕业生到指定单位就业（不包括有特殊情况的毕业生），用人单位亦不应在签订协议时要求学生缴纳风险金、保证金。

二、签订就业合同

（一）劳动合同的定义

劳动合同是劳动者与用人单位确立劳动关系、明确双方权利和义务的协议，是劳动者与用人单位依据《劳动合同法》建立劳动关系的书面法律凭证。

签订劳动合同意义重大，如果没有劳动合同，劳动者在工资收入、工作时间、工作条件等方面与用人单位发生争议时，会由于没有有效证据而遭受损失。可以说，劳动合同是每个劳动者保护自己合法权益的有力武器。首先，签订劳动合同可以强化用人单位和劳动者双方的守法意识；其次，签订劳动合同可以有效地维护用人单位与劳动者双方的合法权益；最后，签订劳动合同有利于及时处理劳动纠纷，维护劳动者的合法权益。

（二）劳动合同的内容

劳动合同按照不同的标准可划分为不同的种类。以合同的目的为标准，可划分为聘用合同、录用合同、借调合同、停薪留职合同；以合同的有效期为标准，可划分为有固定期限的合同、无固定期限的合同和以完成一定工作为期限的合同。《中华人民共和国劳动法》（以下简称《劳动法》）规定，劳动合同应当以书面形式订立，即应采用书面协议。劳动合同的书面形式有主件、附件之分，劳动合同的主件即为劳动合同书，附件一般指劳动合同的补充协议，如岗位协议书、专项劳动协议、用人单位依法制定的内部劳动规则等。

根据《劳动合同法》的规定，劳动合同的内容可以分为必备条款和普通条款两个部分。必备条款也称作法定条款，就是在劳动合同中必须具备的内容，不可缺少。必备条款主要包括七个方面。

1. 劳动合同的期限

劳动合同的期限就是合同开始的时间和结束的时间，应届毕业生接触的劳动合同绝大多数是有固定期限的，所以一定要注意劳动合同中对期限的约定，以及关于期限违约责任的约定。

2. 工作内容

工作内容规定就业者在该单位做什么工作，是劳动合同中劳动者明确应当履行的劳动义务的主要内容，如销售人员的合同中应该注明工作的内容是"销售"，具体承担公司哪些产品的销售，等等。

3. 劳动保护和劳动条件

用人单位对劳动者的工作必须提供合适的生产、工作条件和劳动安全卫生设施、劳动防护用品等，如应该给建筑工人发放安全帽、高空作业采取保护措施等。

4. 劳动报酬

劳动报酬主要表现为用人单位根据劳动岗位、技能及工作数量、质量，以货币形式支付给劳动者的工资。劳动合同中关于劳动报酬的约定应该包括工资的数额、支付日期、支付地点以及其他社会保险（养老、失业、医疗、工伤、生育等）待遇。

5. 劳动纪律

劳动纪律指劳动者在劳动过程中必须遵守的劳动规则，包括国家法律、行政法规以及用人单位内部的厂规、厂纪、对劳动者的个人纪律要求等。

6. 劳动合同的终止条件

一般是指劳动者和用人单位在国家法律、行政法规规定的劳动合同终止的条件以外，协商确定的劳动合同终止的条件，即劳动合同终止的事实理由。

7. 违反劳动合同的责任

违反劳动合同的责任是在劳动合同履行过程中，当事人一方故意或过失违反劳动合同，致使劳动合同不能正常履行，给对方造成经济损失时应承担的法律后果。

（三）签订劳动合同的原则

1. 合法原则

劳动合同必须依法以书面形式订立。要做到主体合法、内容合法、形式合法、程序合法，只有合法的劳动合同才能产生相应的法律效力。任何一方面不合法的劳动合同都是无效合同，不受法律承认和保护。

2. 协商一致原则

在合法的前提下，劳动合同的订立必须是劳动者与用人单位双方协商一致的结果，是双方"合意"的表现，不能是某一单方意思表示的结果。

3. 地位平等原则

在劳动合同的订立过程中，当事人双方的法律地位是平等的。劳动者与用人单位不因各自性质的不同而处于不平等地位，任何一方不得对他方进行胁迫或强制命令，严禁用人单位对劳动者横加限制或强迫命令的情况。只有真正做到地位平等，才能使订立的劳动合同具有公正性。

4. 等价有偿原则

劳动合同明确双方在劳动关系中的地位作用，劳动合同是一种双向有偿合同，劳动者承担和完成用人单位分配的劳动任务，用人单位付给劳动者一定的报酬，并承担劳动者的保险金额。

（四）签订劳动合同的注意事项

1. 签订劳动合同的主体、内容、形式和程序必须合法

依法签订劳动合同是其产生法律约束力的前提。如果签订的劳动合同不合法，那么劳动者的权益就无法保障。为此，劳动者一定要先确认自己签订的劳动合同是否具备产生法律约束力的条件，包括用人单位这一劳动合同主体是否符合法定条件，用人单位是否依法成立，是否能够依法支付工资、缴纳社会保险费、提供劳动保护条件，并承担相应的民事责任。双方签订的劳动合同内容（权利与义务）必须符合法律、法规和劳动政策，不得从

事非法工作。此外，签订劳动合同的程序、形式必须合法，如经协商一致、书面形式等。

2. 对于工作性质、劳动条件等内容应具体情况具体分析

劳动合同内容是否规范，需要求职者多花费些时间和精力。因为通常情况下，劳动合同的工作内容多是转换为岗位和工种在劳动合同中约定，且用人单位希望用尽量大的外延或者概念表示劳动合同中的岗位和工种，如管理人员、生产人员或服务人员等。岗位工种外延越大，说明在履行劳动合同期间，当事人从事的岗位工种变化范围越大，这需要当事人做好适当的心理准备和能力储备，否则，需要承担较大的风险。

3. 求职者提出在劳动合同中约定工资的标准，应注意知己知彼

知己是了解自身的条件，包括学历、技能和身体素质等；知彼就是应掌握人力资源市场供求状况、劳动力市场价位等。通常劳动保障行政部门提供的劳动力市场指导价位给出低位数、中位数和高位数三个指标，求职者不可漫天要价，以避免为签约设置障碍。切莫忽视双方协商约定的内容，对试用期、培训、竞业禁止的补偿、补充保险和福利待遇等，求职者希望在劳动合同中体现的内容，应提出并在劳动合同中写明具体要求。

（五）劳动合同的解除

劳动合同的解除是指劳动合同生效以后，尚未履行或还没全部履行以前，当事人一方或双方依法提前解除劳动关系的法律行为。它是劳动合同关系的非自然终止，一般是由于劳动合同订立时依据的情况发生了变化。这种变化可能是主观方面的，如劳动者违反劳动纪律；也可能是客观方面的，如劳动者患病以致不能从事原工作以及用人单位另行安排工作，以上变化致使劳动关系无法保持而提前解除。另外，劳动合同的解除必须符合法定的条件和程序。

劳动合同的解除可以分为双方协商解除和单方解除。双方协商解除是指劳动合同当事人协商一致，解除劳动合同；单方解除劳动合同又分为用人单位单方解除和劳动者单方解除。

1. 用人单位单方面解除劳动合同

用人单位可以解除劳动合同，解除形式分为以下三种。

（1）因为劳动者存在主观过错解除劳动合同。根据法律规定，劳动者有下列情形之一的，用人单位可以随时解除劳动合同：①在试用期间被证明不符合录用条件的；②严重违反劳动纪律或者用人单位规章制度的；③被依法追究刑事责任的；④劳动者被人民法院或有关部门判处拘役、3年以下有期徒刑缓刑及劳动教养的；⑤法律、法规规定的其他

情形。

（2）因为劳动者存在客观原因解除劳动合同。有下列情形之一的，用人单位可以解除劳动合同，但是应当提前 30 日以书面形式通知劳动者本人：①劳动者患病或者非因工负伤，医疗期满后，不能从事原工作也不能从事由用人单位另行安排的工作的；②劳动者不能胜任工作，经过培训或者调整工作岗位仍不能胜任工作的。

劳动者有下列情形之一的，用人单位不得解除劳动合同：①患职业病或者因工负伤并被确认丧失或者部分丧失劳动能力的；②患病或者负伤，在规定的医疗期内的；③女职工在孕期、产期、哺乳期内的；④法律、法规规定的其他情形。

（3）因为用人单位原因解除劳动合同：①劳动合同订立时所依据的客观情况发生重大变化，致使原劳动合同无法履行，经当事人协商不能就变更劳动合同达成协议的，用人单位可以解除劳动合同，但是应当提前 30 日以书面形式通知劳动者本人，用人单位解除合同未按规定提前通知劳动者的，自通知之日起 30 日内，用人单位应当对劳动者承担劳动合同约定的义务；②经济性裁员。用人单位濒临破产进行法定整顿期间或者生产经营状况产生严重困难，确需裁减人员的，可以裁减人员。但是用人单位应当提前 30 日向工会或者全体职工说明情况，听取工会或者职工的意见，用人单位的裁员方案应当在与工会或者职工代表协商采取补救措施的基础上确定，并向劳动保障行政部门报告，经向劳动行政部门审批后，用人单位才可以实施裁员。用人单位经济性裁员后，在 6 个月内录用人员的，应当优先录用被裁减的人员。用人单位在单方面解除职工劳动合同的同时，应当事先将理由通知工会，工会认为用人单位违反法律、法规和有关合同，要求重新研究处理时，用人单位应当研究工会的意见，并将处理结果书面通知工会。

2. 劳动者单方面解除劳动合同

根据法律规定，劳动者也可以单方面解除劳动合同，解除形式分为以下两种。

（1）劳动者提前 30 日以书面形式通知用人单位解除劳动合同。劳动者采取此种方式解除劳动合同，不需要考虑单位是否存在过错，也不需要征得用人单位的同意。在提前 30 日以书面形式通知后，劳动者向用人单位提出办理解除劳动合同手续的，用人单位应当予以办理。

（2）劳动者随时通知用人单位解除劳动合同。劳动者采取此种方式解除劳动合同，必须有下列情形之一：①劳动者在试用期内的；②用人单位以暴力、威胁或者非法限制人身自由的手段强迫劳动的；③用人单位未按照劳动合同约定支付劳动报酬或者提供劳动条件的。

三、就业权益

（一）就业权益的内涵

在我国经济飞速发展的今天，大学生就业难问题已成为一个不争的事实。在大学生就业的过程中，一些单位肆无忌惮地随意剥夺大学生应有的权益，再加上初入社会的大学生缺乏相应的法律意识，导致他们的合法权益被用人单位剥夺的事件屡屡发生。因此，大学生了解并学习在就业的过程中都有哪些权益、如何行使自身的权益以及如何维护自身权益等这些问题就尤为重要，让大学生能够在就业的过程中合理运用自身权益，就要先明确就业权益的内涵。

国家对于就业方面的法律、法规以及政策的规定指出，大学生在就业时作为一个普通的劳动者，应当享有劳动者应有的权益。具体权益包含平等就业的权利、选择职业的权利、取得劳动报酬的权利、休息休假的权利、获得劳动安全卫生保护的权利、接受职业技能培训的权利、享受社会保险和福利的权利、提请劳动争议处理的权利以及法律规定的其他劳动权利。

（二）大学生的基本权益内容

大学生作为一个特殊群体，在就业过程中除享有普通劳动者享有的一般权利外，还享有作为大学生这一特殊群体的权利。

1. 就业信息知情权

就业信息是大学生成功就业的前提和关键，只有在对招聘信息充分掌握的基础上，才能够在结合自身优缺点的情况下有选择地筛选，进而挑选到适合自身今后发展的用人单位。当代大学生信息来源非常丰富，如校园招聘会、社会招聘会、网络、电视媒体、亲戚、朋友、同学等，针对以上多渠道就业信息，毕业生获取就业信息权，应包括以下三方面含义。

（1）信息公开。任何团体、组织和个人不得隐瞒和截留用人单位的招聘信息。目前各地区的高校就业服务中心已建立了需求信息登记制度，但凡需要招聘高校毕业生的单位，需到各省、市级的就业服务中心办理信息登记，并由市高校毕业生就业指导中心通过高校向毕业生发布各类用人需求信息。

（2）信息及时。要将用人单位的招聘信息及时有效地传递给毕业生，注意招聘信息的时效性，否则毕业生拿到手的招聘信息将是失去价值的。

（3）信息全面。向毕业生发布的信息必须是全面的、完整的，就业信息残缺会影响毕业生对用人单位的了解和判断，完整的就业信息可使毕业生对用人单位有全面的了解，从而作出符合自身要求的选择。

2. 接受就业指导与服务权

接受就业指导与服务是每个大学生应有的权利。就业指导工作直接影响大学生的职业生涯规划、就业方向及求职技巧等，学校在大学生进行就业指导方面占有重要的地位，根据国家相关规定，学校应成立专门的就业指导机构，并开设专门课程，安排专门人员对毕业生进行就业知识方面的指导与服务，包括宣传国家最新关于毕业生就业的方针和政策；对毕业生进行求职的方式和技巧的指导；引导毕业生根据国家和社会的需要，结合自身专业和社会的实际情况进行就业。使毕业生能够通过校方老师的专业指导，进行准确的、合理的就业。

同时，毕业生也可以通过合法的途径寻求社会上的专业机构进行就业指导，这种市场指导可以是有偿的。

3. 被推荐权

向用人单位推荐毕业生是高校就业工作的一项重要内容。同时学校的推荐往往对用人单位在选择毕业生上起着很大的作用，毕业生享有被学校公平、公正、如实推荐的权利，包含以下三方面内容。

（1）如实推荐，即高校就业指导中心在对毕业生进行推荐时，根据毕业生本人在校的实际情况，不夸大，不贬低，实事求是地向用人单位进行介绍、推荐。

（2）择优推荐，即高校根据毕业生的在校表现，在公正、公开的基础上择优推荐毕业生，使学生能够学以致用、人尽其才，并能够充分调动学生在学习、工作中的积极性和创造性。

（3）公正推荐，即高校在对毕业生进行推荐时应做到公平、公正，并且应当根据学生的在校表现及能力，合理地推荐每一位毕业生。公正推荐是学校的基本责任，也是毕业生享有的最基本的权益。

4. 就业选择自主权

在国家就业方针和政策的指导下，高校毕业生可实现"双向选择、自主择业"。毕业生可按照自己的意愿自主地选择用人单位，有权决定自己从事何种职业、是否就业、何时何地就业。学校及其他单位和个人均不得进行干涉。任何将个人意志强加给毕业生，强令毕业生到某单位就业的行为是侵犯自主选择就业权的行为。

5. 平等就业权

平等就业权是指任何劳动者在就业机会上平等的权利。它包含三层含义：一是任何人都平等地享有就业的权利和资格，不受限制；二是在应聘某一职位时，任何人都需平等地参与竞争，任何人不得享有特权，也不得对任何人予以歧视；三是平等不是同等，平等是指对于符合要求、符合特殊职位条件的人，应给予他们平等的机会，而不是不论条件如何都同等对待。

用人单位录用毕业生的过程中应公平、公正，一视同仁。但在当前，毕业生的平等就业权受到很大的冲击，也最为毕业生所担忧。由于我国关于就业方面的法律和措施还不够完善，完全开放、公平的就业市场尚未真正形成，用人单位录用毕业生时还存在不同程度的不公平、不公正的现象，如女性就业难仍然是困扰女性毕业生就业的一大问题。平等就业权是毕业生最为迫切需要得到维护的权益。

6. 违约及求偿权

用人单位、毕业生和学校三方，一经签订就业协议，任何一方不得擅自毁约和违约，如果用人单位无故解除协议，或不按照协议内容履行，毕业生有权要求用人单位承担违约责任。在现实就业过程中，毕业生出于谋求更好的就业机会等考虑，主动向用人单位提出解除协议的情况不在少数，毕业生大多也都承担了自己的违约责任。同时也有主动向毕业生提出解除协议的情况，甚至个别单位在招聘时提供虚假信息，当毕业生到单位就职时其却不能履行承诺，对于这些情况毕业生有权向用人单位提出赔偿要求。

7. 择业知情权

毕业生在与用人单位签订就业协议以及劳动合同前，有权了解用人单位的主体资格、劳动岗位、劳动条件、劳动报酬以及规章制度等情况，用人单位应当如实说明和介绍，不能回避或故意隐瞒某些职业危害，也不能夸大单位规模和提供给毕业生的待遇。

8. 户口档案保存权

毕业生自毕业之日起两年择业期内如果没有联系到合适的工作单位，没有和用人单位签订就业协议，也没有因回生源地自主择业、出国等情况而办理人事代理手续，有权将档案和户口保存在学校，学校应当对毕业生的学籍档案和户口关系进行妥善保管，不能向毕业生收取费用。择业期满后，学校就不再承担此义务。

第四节 大学生就业途径

一、就业信息的收集和筛选

（一）就业信息的类型

1. 口头信息

口头信息是指通过与人交谈获取的信息，如通过与老师、同学、亲朋好友交谈，得到的就业信息都属于口头信息。

2. 书面信息

书面信息是指通过书面材料获取的信息，如通过各种有关就业的指导性文件，学校和用人单位的书面通知、函件等获取的信息就属于书面信息，书面信息比较正规，权威性强，是毕业生必须重视和把握的信息。

3. 媒体信息

媒体信息是指通过各种正式公开发布的媒介载体获取的信息，如在有关报刊、电视广播、网络发布的就业信息等。在现代社会，它们是承载信息的主要载体，特别是网络，因其信息更新速度快、信息量大而受到广大毕业生的青睐。但是，媒体信息，尤其是网络上的就业信息，往往混杂着众多虚假、失效和失真成分，对此类信息一定要慎重，并及时向就业指导老师和有关部门咨询，以免上当受骗。

（二）就业信息的收集

1. 就业信息收集的内容

（1）要掌握国家就业政策。就业政策是国家和地方政府关于就业方面的制度和规定，可分为国家就业政策和地方就业政策。

（2）要全面了解就业形势。一定阶段的社会发展，决定了对专业技术人员数量、规格和质量的要求。目前，我国正处在经济快速增长和经济体制转型时期，各行各业需要大量的人才，大学生就业具有广阔的前景，这是社会的总体需求形势。当然，人才需求也具有不平衡性，边远地区、艰苦行业、基层乡镇和非国有企业等需要大量大学生，而大城市、大中型企业、机关事业单位则人才济济,即使有需求,要求也很高。大学生择业时要准确把握就业市场形势,要看到这种需求的差别,通过收集信息,把握正确的择业方向,不能只把眼光盯在条件优越而人才竞争激烈的地区和单位,而应把目光投向目前条件较差,工作较艰苦,人才缺乏,求贤若渴,亟待发展的地区和单位。

(3)要掌握人才需求信息。人才需求信息包括用人单位的需求信息,不同类型的企业对大学生的要求等,各地区、各部门、各行业也有不同的人才需求。掌握这类信息,一方面可以坚定择业信心,另一方面可以帮助选定地区、部门和行业甚至择业职位。

2. 就业信息收集的方法

(1)"行业优先"获取法以行业为标准选择职业。要以自己所倾向选择的某个行业为主,围绕选定的行业获取相关的企业概况、行业现状及发展前景等信息。

(2)"地域优先"获取法以地域为标准选择职业。可以以大区域或中心城市为范围进行信息收集。

(3)"志趣优先"获取法以志趣为标准选择职业。可以依据自己的特长和爱好等主观意志来收集自己感兴趣的信息。

3. 就业信息收集的途径

面对庞大的就业市场,在纷繁芜杂的市场就业信息中,获取真实可靠、准确无误的就业信息对毕业生来说至关重要。因此,大学生要注重选择市场可信度高、信誉好、权威性的渠道来获取就业信息,以免白白努力甚至上当受骗。收集可靠、可信就业信息有以下几个途径。

(1)从学校毕业生就业指导机构获取信息。学校年年向社会输送"产品",与许多毕业生就业主管部门用人单位等保持着广泛而密切的联系,并与一部分用人"大户"建立了比较稳定的工作关系,同时也是用人单位求才首先联系的部门。因而了解和紧握大量的人才需求动态和信息,是毕业生的一条重要求职信息源。从学校就业指导机构获得信息的特点是针对性强、专业对口率高、可信度高且具有一定的权威性。

(2)从各级毕业生就业主管部门、人才服务机构及其组织的有关活动中获取信息。各级教育和人事行政部门是毕业生就业的主管部门,其所属的毕业生就业指导、人才服务中心、人才市场等机构,是沟通用人单位和毕业生的桥梁和纽带,是毕业生求职择业的主要场所,也是为毕业生提供就业服务的重要部门。毕业生可以通过这些组织定期、不定期的人才招聘会、大中专毕业生就业市场等活动获取需求信息。由此获得的信息特点是专业宽泛,区域、行业较广泛,信息流量大,且可信度较高。

（3）从各种传播媒介获取信息。为了扩大宣传，一些用人单位常通过报纸、电视、广播、互联网等大众传播媒介登载人才需求信息。浏览这些信息时细心收集，可获取不少有益的人才需求信息。教育部学生司和全国高校毕业生就业指导中心主办的《中国大学生就业》杂志，是专门为毕业生服务的专业性最强的刊物之一，定期为毕业生和全国各人事部门提供各种就业信息，受到大家的广泛关注，是毕业生求职的好帮手，如有条件可以订阅。另外，目前不少报刊也开设这样的栏目，还有不少地方性的报纸也都经常刊登有关的信息。上海、浙江等地每年专门收集各种需求信息，编印成册，通过各种渠道广泛传播，也是毕业生可以利用的重要信息源。这种方式获得的信息特点是传播面广、时效性强、竞争比较激烈。

（4）从"社会关系网"获取信息。利用家族、亲戚、朋友等各种社会关系，了解一些单位的人才需求信息。其特点是针对性强、了解程度深、关系直接、易于沟通且成功率较高。不足之处是择业面太窄，信息的可选择性弱。

（5）从用人单位直接获取信息。通过登门造访、信函询问、电话咨询、传真、电子邮件等方式，与你认为有用人需求的单位或者其单位负责人直接联系，可以获取所需的信息。这种办法的特点是目标性差，易出现"白忙活"现象，且信息量狭窄，但成功率比较高。

（6）从实习单位获取信息。实习单位一般都是对口单位，通过实习，你对单位的了解或单位对你的了解都会比别的需求信息更有质量。如果说实习单位有意进人，很可能你就是其要考虑的第一对象。通过实习单位落实就业单位的每年也有很多。

（三）就业信息的筛选

就业信息的筛选是成功择业的第一步。总体来说，就业信息的筛选应立足于两点：一是务必切合自己的实际（如紧扣自身的职业生涯规划与自身的综合素质和能力），切忌漫无边际；二是应当适度拓宽求职视野。一般来说，信息收集越广泛，求职视野越宽广；信息判断与定位越准确，信息筛选的质量就会越高，就业自荐的成功率也就越高。因此，应鼓励毕业生主动出击，并充分利用一切可能的渠道与手段，力求广泛、全面、有效地收集各类就业信息，积极寻找就业机会。一个人掌握有用的就业信息越多，就越有可能选择到切合自身的工作职位。

但与此同时，不得不面对就业信息数量大、范围广和时效快的现实。具体针对某种特定的职业而言，它就包含大量的相关信息，如单位性质、工作内容、每月收入、福利措施、工作地点、人际气氛、上班时间、考核方式、培训机会、升迁发展和领导方式等内容。

广泛收集就业信息仅仅是择业的第一步，收集的信息越多，机会就越多。但是对这些大量的相关信息进行一番去伪存真、去粗取精的鉴别筛选更是一项必不可少的工作。只有做好鉴别筛选工作后，有用的信息才会对一个人的求职活动真正发挥积极的推动作用，起到事半功倍的效果。对信息进行筛选的原则要坚持以下三点。

1. 求真

求真就是要了解信息的真实程度。外界的信息可谓真假难辨，有的求职信息纯粹是子虚乌有、空穴来风；有的信息则仅仅是单位出于一种宣传的目的，而非真心实意地想录用新人，这样的招聘广告含有大量的水分；有的则是一些单位尤其是一些非法机构发布的具有欺骗性、欺诈性的聘用信息，它们常通过收取报名费、中介费和面试费等方式来达到骗取求职者钱财的目的。信息的虚假常会导致求职者决策失误，给就业工作带来多方面的麻烦和损失。因此，求职者一定要对那些值得怀疑、可信度低的用人信息多加了解、考察、分析和核实，及早将虚假性或欺骗性的信息排除在外。

2. 求新

越是新近发布的信息，越具有较高的使用价值，单位招聘计划、相关就业政策等尤其如此。过时的信息、政策常会干扰或误导求职者的求职活动。因此，对求职者来说，及时拥有新的职位信息，就多了一分成功的把握。

3. 求专

求专就是要有的放矢、缩小范围，从所有接触的信息中找到适合自己具体情况的有效信息。对一个人的求职进程而言，就业信息并非数量越多越有益处，因为人们接触的信息往往同时包括高相关的、低相关的、无关的及错误的几类。如果无关或错误的信息过多，它们反而会成为就业决策中的负担和额外的干扰源，对做出合理的决策造成消极影响。毕业生应当格外关注那些与自己的专业、性格、兴趣、能力和特长相符的职位信息，因为它们更适合自己的发展，成为自己未来职业的可能性更大。

二、人才聘用制度

人才聘用制度是关于我国基本单位（国家党政机关、社会团体、企事业单位）的人员选拔、任用、聘任、聘用的一系列规章制度的总称。其核心内容是建立以公开、平等竞争、择优为先导，利于优秀人才脱颖而出、充分施展才能的选人用人机制。

（一）事业单位人才聘用制度

事业单位是介于政府与社会之间的社会服务性组织。我国的事业单位共有130多万个，职工近3000万人，涉及教育科研、文化卫生、新闻传媒等行业，是我国各类人才的主要集中地。事业单位聘用制是根据工作需要，按照科学合理的原则，确定专业技术人员、管理人员和工勤人员岗位，按岗聘用，竞争上岗。

1. 事业单位受聘人员应当具备的条件

事业单位受聘人员应当具备的条件：①遵守法律、法规、规章和政策；②具有良好的职业道德；③具有聘用岗位要求的文化程度、专业知识及工作能力；④身体健康，能胜任聘用岗位的正常工作；⑤符合聘用岗位职责要求的其他条件。

2. 事业单位聘用人员的基本程序和方法

（1）成立聘用工作组织，制定聘用工作方案。聘用工作组织由聘用单位分管负责人及其人事部门、纪检监察部门负责人和工会会员代表组成。聘用专业技术人员的，还应当聘请有关专家参加。人员的聘用、考核、续聘、解聘等事项由聘用工作组织提出意见，报本单位负责人会议集体决定。聘用工作方案应经职工代表大会通过。未建立职工代表大会的，应经职工大会或工会通过。

（2）事业单位制订的聘用工作方案应当报行政主管部门和同级政府人事行政部门备案。同级政府人事行政部门应当加强监督。

（3）公布聘用岗位、岗位职责、聘用条件、聘用待遇、聘期及聘用方法等事项。

（4）通过本人申请、民主推荐、负责人提名、公开招聘等形式产生应聘人选。

（5）聘用工作组织对应聘人员进行考试或者考核，择优确定拟聘人选，公示拟聘结果。

（6）聘用单位负责人集体讨论决定受聘人员，公布聘用结果。

（7）订立聘用合同。

（二）国有企业人才聘用制度

人社部出台了《关于国有企业招聘应届高校毕业生信息公开的意见》（以下简称《意见》）。《意见》要求国有企业建立健全公开招聘应届高校毕业生制度。根据《意见》，国有企业招聘应届高校毕业生信息要按照企业所属层级在相应的政府网站公开发布。《意见》规定国有企业招聘应届高校毕业生，除涉密等不适宜公开招聘的特殊岗位外，都应当实行公开招聘。国有企业在招聘应届高校毕业生的过程中，要坚持公开、平等、竞争、择优的原则，扩大选人用人范围，积极促进公平就业。招聘计划不得缺少招聘岗位及条件、招聘人员数量、招聘时间安排、采用的招聘方式等内容，不得设置歧视性条件，不得设置与岗位要求无关的条件，不得将院校作为限制性条件。

国有企业公开招聘应届高校毕业生可以采取考试的方式，也可以采取考核的方式，择优聘用。在同一批次招聘中，不得降低或提高已公开发布的招聘条件。当次公开招聘发布的岗位未招满或需增加招聘数量的，要在招聘工作结束后另行组织公开招聘。

国有企业要在本单位网站或其他公共媒体对招聘结果进行公示。公示信息不得缺少拟聘人员姓名、性别、毕业院校等内容，并同时公布本单位纪检部门监督电话与通信地址，公示期不得少于7天。公示期间，应聘者或其他人员认为公示人员存在问题的，可以向国有企业纪检部门反映，由国有企业纪检部门做出处理。被录用的毕业生与企业签订劳动（聘用）合同。

（三）人事代理制度

人事代理是指由政府人事部门所属的人才服务中心，按照国家有关人事政策法规的要求，接受单位或个人委托，在其服务项目范围内，为多种所有制经济尤其是非公有制经济单位及各类人才提供人事档案管理、职称评定、社会养老保险金收缴、出国政审等全方位服务，是实现人员使用与人事关系管理分离的一项人事改革新举措。人事代理的方式有委托人事代理，可由单位委托，也可由个人委托；可多项委托，将人事关系、工资关系、人事档案、养老保险社会统筹等委托人才服务中心管理，也可单项委托，将人事档案委托人才服务中心管理。人事代理的当事人为代理方和委托方，代理方一般是县级以上政府人事行政部门所属的人才流动服务机构；委托方为需要人事代理服务的各类企业、事业单位和个人。委托代理的方式由委托方与代理方商定，并以合同的形式予以明确。

（四）就业准入制度

所谓就业准入是根据有关法律规定，从事技术复杂、通用性广、涉及国家财产及人民生命安全和消费者利益的职业（工种）的人员，必须经过专门培训，并取得职业资格证书后，方可就业上岗。实行职业资格证书制度和就业准入制度，包括职业院校毕业生在内的劳动者在就业前获取相应的职业资格证书是国家的要求，是国民经济发展的需要，同时也是现代企业、用人单位对复合型高素质人才的需要。职业资格包括从业资格和执业资格，前者是指从事某一职业的学识、技术和能力的起点标准，后者是指政府对某些责任较大、社会通用性强、关系公共利益的行业实行准入制度，是依法独立开业或从事某一特定行业的学识、技术和能力的必备标准。

　　要获得相应的职业资格证书，必须参加由国家劳动和社会保障部门批准设立的职业技能鉴定机构组织的职业技能鉴定。职业技能鉴定是一项基于职业技能水平的考核活动，属于标准参照型考试。它是由考试考核机构对劳动者从事某种职业所应掌握的技术理论知识和实际操作能力作出客观的测量和评价。职业技能鉴定主要包括职业知识、操作技能和职业道德等三个方面的内容。这些内容是依据国家职业技能标准、职业技能鉴定规范（即考试大纲）和相应教材来确定的，并通过编制试卷来进行鉴定考核。职业技能鉴定分为知识要求考试和操作技能考试两部分。知识要求考试一般采用笔试，操作技能考试一般采用现场操作加工典型工件、生产作业项目、模拟操作等面试方式进行。

　　申报职业技能鉴定的程序主要有以下步骤：第一，报名参加职业技能培训班。目前高职专科学校和其他承担职业教育任务的学校绝大多数都已设有经申报批准了的职业技能鉴定所（站），没有设职业技能鉴定所（站）的院校，均会有当地劳动和社会保障部门指定的场所负责院校学生的职业技能鉴定。各院校每年根据学校开办专业的实际情况，分期、分批、分班地举办与开设专业相关不同工种的职业技能培训班，对学生进行培训。第二，本人申报职业技能鉴定。培训班结束后，根据自己掌握技术的程度，申报自己所受培训工种的职业技能鉴定，并确定申报鉴定的等级。我国职业资格证书分五个等级：初级、中级、高级、技师和高级技师。职业技能鉴定也相应地分为：初级鉴定、中级鉴定、高级鉴定、技师鉴定和高级技师鉴定。第三，考试和发证。按鉴定所（站）规定的时间准时参加考试，参加考试时必须携带准考证和身份证，同时必须注意要着工作装。对于考试合格者，由职业技能鉴定中心按照国家规定的证书编码方案和填写格式要求统一办理证书。

第四章

大学生就业能力开发要素解析

第一节 大学生就业能力开发要素的理论构建

大学生就业能力的形成与高校的培养环节密切相关，也与学生课内外校园活动的参与经历密切相关，大部分文献研究表明，大学期间的学业行为、社团活动、社会实践、工作实习等经历对大学生就业能力的形成具有正向的促进作用。大学生职业认知、职业动机和个人特质也与大学生家庭成员、大学生接触到的业界人士以及校友有密切关系，但现有文献对大学生如何通过社会网络习得就业能力的研究涉及很少。从实践来看，现实中存在着大量没有经过高等教育而获得就业能力的劳动者。观察、效仿成功就业者的行为，与家人、学长、企业家等人的交流与接触等方式，都使得大学生获得了学习机会，进而有利于就业能力的形成和发展。从社会网络中学习，越来越被认为是就业能力学习的一个重要方面，挖掘基于社会网络的学习方式能更好地解析社会网络在就业能力提升方面的价值。社会网络学习是大学生获得就业能力的一种途径，是发生在大学生所处的社会关系网络中，通过观察、模仿他人的就业行为、就业活动，与他人进行接触和交流，获得社会网络成员的支持、指导等的学习活动。社会网络这一概念最早起源于社会学，后来慢慢演变，扩展到了管理学、经济学、教育学等领域，现已广泛运用于各个领域的各类问题的研究之中。

一、高校人才培养环节与大学生就业能力形成

高校可以通过教学管理制度的改革来进行大学生就业能力的开发，包括专业的调整和设置、将就业能力的培养嵌入课程的教学改革、加强职业指导、增加学生的实习机会、倡导基于真实职业环境的学习和创业创新教育等环节中。

大学生就业能力的影响因素完全可以通过高校的培养环节来应对。高校对大学生就业能力的开发需要作为雇主的政府和企业参与，政府和企业也应该积极主动参与大学生就业能力的开发，这样才能达到高校、大学生、企业和政府，乃至整个社会的共赢。

基于高校这一组织层次的大学生就业能力开发，就是高校通过人才培养目标、专业、课程体系、实践等培养环节的设置来培养大学生的就业能力，这在很多文献中都有论述，只不过不同文献研究的侧重点不同。有些文献强调课程设置对就业能力培养的作用，有些文献强调实践环节的加强对就业能力提升的作用。高校通过人才培养环节的改变或变革，可以使大学生获得、提升关于获取职业机会和促进职业生涯成功发展可能性的能力，进而提升人才培养质量和高等教育质量。

二、社会网络学习与大学生就业能力形成

（一）社会网络的概念及其基本理论框架

社会网络是指由一组社会行动者（如个人或组织）及其社会关系构成的社会结构。在这一社会结构中，社会行动者相互联系，相互发生影响，通过相互联系、相互影响传递了信息、知识、价值观，使得社会网络具有获取信息、知识，形成价值观的功能，进而产生了对个人或组织利益的正向影响。

随着社会网络概念及社会网络分析法的出现和发展，社会网络分析方法成为社会学的重要分析工具，随后管理学、经济学、教育学以及其他社会科学都将社会网络分析方法引入自己的研究领域。社会网络相关理论或社会网络分析方法的相关理论可以分为两个层次：一个是微观层次，主要是针对社会网络与微观个体行为的研究，其实质是一种社会网络分析，是一种从网络结构角度出发的分析；另一个是宏观层次，主要是将社会网络作为社会资本进行分析，将其纳入社会资本理论之中。由于本书的研究内容是大学生就业能力的培养与管理，属于微观层次的主体行为，因此本书只从社会网络对微观个体行为的分析视角进行理论归纳。微观层次的社会网络理论主要有以下两个重要核心框架。

一是从社会网络中的社会行动者的关系角度进行分析，即从联结的强弱角度出发，

将关系划分为强联结关系和弱联结关系。社会网络的行动者依赖联结产生联系,从互动的频率、感情力量、亲密程度和互惠交换四个维度来进行区分,联结是社会网络分析的最基本分析单位,联结可分为强联结和弱联结。强联结是在性别、年龄、教育水平、职业身份、收入水平等社会经济特征相似的社会行动者间发展起来的,而弱联结是在上述社会经济特征不同的社会行动者间发展起来的。在社会网络中,社会行动者通过社会网络可以获得信息、知识等资源。其中,由于社会行动者之间的社会特征的不同,社会行动者之间的弱联结关系代表了网络的异质性。弱联结关系是社会行动者获得无冗余的新信息、知识的重要渠道,但在弱联结关系中,社会行动者获得资源的可能性相对强联结关系要低。强联结关系是资源获得的重要渠道,但由于强联结关系中社会行动者之间在社会经济特征方面存在相似性,因此,社会行动者通过社会网络获得的信息往往具有较大的重复性和剩余度,获得的知识也往往具有冗余性,对个人的帮助不大;但由于强联结维系着不同社会行动者之间的亲近、频次相对较高的接触,进而拉近了"空间距离",因此强联结关系有利于隐性知识的流动,有利于资源的获取。强联结反映了社会行为者强烈的、充满感情的和长期的、累积性的相互联系。社会行动者之间的信任和了解,增加了行动者互相交换意见的意愿和达成共识的可能性。在此过程中,成员间的相互信任进一步增进,从而在网络成员之间建立起长期、稳定、互惠的知识协作、知识交流关系。

二是社会网络分析的结构洞理论。"结构洞"(structural holes)的概念最早由美国社会学家博特(Burt)于1992年在《结构洞:竞争的社会结构》一书中提出,其内容主要包括社会网络中存在的不同的网络结构形态,不同的网络结构形态给社会网络的行动主体带来不同的影响。结构洞是指社会网络中的"洞隙",即社会网络中某个或某些社会行动主体和一些主体发生直接联系,而和另外一些主体不发生直接联系,进而形成了联系的洞隙,这些洞隙的存在导致网络中的行为主体之间不能直接建立连接或者行为主体之间的关系出现中断。如果两个社会行动主体在社会网络中缺少直接联系,他们的联系需要通过第三方发生,那么这个第三方就成为这一社会网络中的结构洞,即该第三方就占领了关系网络中的一个结构洞,社会网络中存在的结构洞可以为处于该位置的组织和个人带来信息和其他资源上的优势。博特认为,个人在网络中的位置比关系的强弱更为重要,其在网络中的位置决定了个人的信息、资源和权力。因此,一个社会行动主体占据的结构洞越多,他拥有的信息、资源和权力就越多。

在上述理论框架的基础上,很多文献将上述两类思想进行综合,认为可以从网络规模、网络关系强度、网络异质性等几个指标去研究社会网络对社会行动者行为的影响。

（二）社会网络对大学生就业能力习得的影响路径

从中国大学生成长的现实角度看，大学毕业生在职业认知、就业能力形成的过程中经常受到父母及其他长辈的指导和帮助；他们会与毕业校友、在读的同学进行交流，以获得职业相关信息和知识；也会因为看到毕业校友成功的职业经历而树立职业意向，并努力提升自己的职业认知，提升就业能力。父母、毕业校友、学校老师、雇主与大学生之间发生联系，构成了大学生的社会网络。可以这样认为，大学生的社会网络为其提供了职业相关的信息资源和"关系"资源：信息资源包括就业信息、雇主的情况以及对招聘员工的要求，也包括雇主、家长亲友、毕业校友提出的职业相关建议以及帮助大学生准备职业岗位申请的相关材料等；"关系"资源包括社会网络中的成员帮助大学生推荐职业岗位，安排与雇主或相关人员见面，帮助解决实习或直接提供职业岗位等。在和社会网络中不同的成员发生联系时，大学生也会采用不同的方式获取信息。当大学生与家长、毕业校友、老师等社会网络成员关系越密切，信任程度越高时，大学生就越愿意与他们交流，并接受他们的指导，以获得所需的就业信息、就业知识，提高自己的职业认知水平，并最终转化为就业能力。雇主是重要的职业相关信息的提供者，学生通过和雇主的接触、交流，或者通过去雇主企业实习接受他们的指导，进而获取职业相关信息，提高其职业认知水平，进而提升其就业能力。

第二节 基于实践的大学生就业能力开发要素解析

一、基于访谈的大学生就业能力开发要素解析

纵观国内外关于研究方法的论述，访谈是一种较好的收集一手资料的方法。该方法适用面较广，通过建立融洽的访谈氛围，在一定程度上可以使访谈对象坦率直言。尤其是学术研究的匿名访谈，能够使访谈对象放松紧张的情绪，从而使访谈者获得其他方法无法获得的深层次信息，在一定程度上可以提高研究结果的信度和效度。因此，本书在文献回顾的基础上，通过半结构化深度访谈的方法收集关于大学生就业能力开发机制构成要素的资料和数据，并运用内容分析法对访谈内容进行分析，获得大学生就业能力开发机制的构

成要素。本次访谈主要分为以下三个步骤。

一是完成访谈设计。本书围绕大学生就业能力的习得、开发环节等主题，设计了以下四类题目：您个人认为获得职业和职业发展主要依赖哪些能力；您对高校现有培养大学生就业能力的课程有什么看法；您认为大学生就业能力开发的主要途径或环节应该有哪些；您认为高校应该采取怎样的措施来实施大学生就业能力开发。

第一类题目的目的是了解大学生就业能力的结构；第二类题目的目的是直接了解高校大学生就业能力开发的现状；第三类题目的目的是从正面更深入地了解大学生就业能力的影响因素；第四类题目的目的是深入了解高校如何通过就业能力开发途径的创新来进行大学生就业能力的开发。在设计好题目后，先对浙江大学科教发展战略中心和教育学院的专家进行了访谈，请专家提出对半结构访谈的建议。然后，再对历届毕业生进行正式访谈，以获取关于职业岗位所需能力以及大学生就业能力开发的环节、路径、措施的相关资料。通过围绕大学生就业能力开发的环节或路径的要素进行深度访谈，获取了进一步定量研究所需的资料。

二是确定访谈对象。高等教育大众化后，高等教育系统内部的多样化趋势不可避免，具体表现为：出现各种不同类型的高校，各高校培养的人才类型具有较大的差异性等，如中国的独立学院就是以培养本科应用型人才为目标，一流研究型大学肩负着培养拔尖创新型、研究型人才的任务。本书主要研究大学生就业能力的开发，研究对象属于本科人才培养的范畴，与博士生、硕士生的能力开发模式与路径存在着差异性，需要让上述普适的能力开发模式的构成要素与本书的研究目的和内容进行结合。

三是从访谈结果解析出大学生就业能力开发机制的构成要素。通过对访谈资料进行总结发现，访谈对象对大学生就业能力开发的主要观点如下：①专业分得太细不好。学校应更多地培养大学生的学习方法、学习能力，但也要注重专业基础知识的教学。②要注重大学生人格教育。大学老师在大学生人格培养上有着重要作用，学校要培养大学生的阳光心态，要对学生进行思维训练。很多大学生心智尚未完全成熟，大学应注重培养大学生的心智，同时应加强个人品质的教育。③情商的培养非常重要。大学生应多参加集体活动，大学也应经常举办丰富多彩的集体活动，以此构建平台，促成交流合作，积聚资源。同时，集体活动也可以培养大学生的团队能力与团队精神，大学生积极参与学生会等社团活动也是有帮助的。④应开展各种讲座。应定期举办讲座，请各界翘楚为大学生做报告，这对大学生有引导作用。请企业家开讲座，可提高学生学习兴趣；请著名学者开讲座，可激发学生的思考。⑤完善学校的选修辅修制度。要加强理工科学生的人文素质，可通过选修人文方面的课程来加强。⑥应允许大学生较自由地选择专业。大学生刚进大学校门，不了解自己的特长与爱好，所以学校可以在大二时给学生划分专业或允许其在随后的时间里自由地转专业，当然需要有相应的基础才能转。⑦教师是人才培养模式中最重要的环节，好的教师能引领人成长。同时，教师的思维必须开阔，这是很重要的。教师在培养人才的过程中非常重要，教师讲课方式需要引领学生成长，教师应该具备综合素质，开拓学生思想。⑧大学生的实践教育包括海外交流也是一个重要的环节，有条件应该让学生走出去，如进行国际交流等，让学生开阔眼界。实践对学生来说很重要，学生需要更多实践，学校要让学生有真正的项目做，使其能够将理论与实践相结合，特别是工程专业方面的学生。⑨对大学生应该进行适当的职业指导，包括对职业规划和可能的职业选择的指导。⑩学校培养只是人才培养的一个阶段，继续教育很重要，学校教育的目的是使学生具有提升自己的能力。

二、基于实践的大学生就业能力开发要素解析

理论研究的进行需要建立在实践观察的基础上。案例研究是一种行之有效的实践研究方法，它可以获得一些其他研究手段不能获得的数据、经验知识，并以此为基础来分析不同变量之间的逻辑关系，进而检验和发展已有的理论体系。大学生就业能力开发机制的构建，需要在能力开发模式的构成要素基础上进行具体化，针对就业能力结构的构成要素进行大学生就业开发模式的构建，如培养结果的反馈机制等。基于此，本部分将通过国外高校大学生就业能力开发的实践来总结高校大学生就业能力开发机制的构成要素。本部分将对英国、美国和日本高校大学生就业能力开发的实践进行分析，试图从上述几国高校的大学生就业能力开发实践中总结出高校大学生就业能力开发机制的构成要素。

（一）部分英国高校的大学生就业能力开发实践

英国高校对大学生就业能力的培养非常重视，培养大学生的就业能力已成为英国高等教育的主题之一。英国高校在大学生就业能力开发方面采取的改革措施，颇受各方褒扬。在众多英国高校的人才培养环节中，"employability"一词被列为重要的一部分。通过笔者在英国高校的实地调研和参考有关文献资料，可以将英国高校开发大学生就业能力的主要措施归纳为以下几点。

其一，学校高度重视，从学校层面制定大学生就业能力开发战略。英国大学的大学生就业能力开发战略一般包括现有背景分析、大学生就业能力构成分析、战略措施、具体实施手段、战略实施效果的评估和反馈手段等。如英国坎特伯雷大学（Canterbury Christ

Church University）在 2010 年 3 月由其学术委员会通过了 2010—2015 年的大学生就业能力发展策略。斯坦福郡大学（Staffordshire University）在 2009 年 4 月由其学术委员会通过了发展战略（ESECT）。英国诺丁汉特伦特大学（Nottingham Trent University）也从整个学校层面制定了就业能力开发战略，要求每个学院都必须将大学生就业能力的培养作为单列的重点工作。

其二，将就业能力的培养植入课程，即将就业能力开发的相关目标嵌入课程体系中去。为了提升大学生的就业能力，在课程体系中实施和实现大学生就业能力开发的目标，高校不同课程需要针对就业能力开发目标设定本门课程的教学目标和内容。如诺丁汉特伦特大学、斯坦福郡大学等高校，要求课程的结构、课程的教学大纲、课程的评价方式的确定，要与大学生就业能力开发的目标相关联，将上述相关规定通过学校的专职部门对全校教师员工发布，并培训相关教师。

其三，加强与产业界和雇主的联系，包括积极邀请雇主参与课程设计，加强实习基地的建设等。为了使能力开发与产业界的需求不脱节，英国众多高校都邀请产业界的相关专业人员参与课程的设计，而且其邀请的产业界人士所从事的职业与参与课程设计的专业高度相关。如邓迪大学（University of Dundee）就专门成立了由计算机系统与软件开发的专业人士组成的就业咨询委员会，参与邓迪大学计算机应用专业的课程设计。为了让学生对产业界的职业需求有更好的了解，以及更好地让学校教学与产业界相联系，英国高校也直接邀请产业界专业人员到学校为在校学生开讲座或者直接负责某门课程的讲授。邀请雇主到学校参与教学，可以使学生更容易了解到职业发展的最新需求，也可以让学生从一定程度上感受到学校教师与产业界专业人员在授课内容与方式上的差异，并且为学生带来了去企业实习的机会。此外，英国的高校还积极邀请产业界的专业人士参与对学生的评价。英国高校也积极发展与企业的战略合作伙伴关系，与企业建立长期的联系，在企业建立实习基地。英国高校一般都有几十家企业作为学生固定的实习场所。

其四，给予大学生以基于接近实际工作环境为导向的能力开发途径，重视大学生实际工作经验的获得。英国的一些高校主要通过模拟实验来构建类似真实的职业环境，使学生获得体验各种职业岗位的机会。如英国的谢菲尔德哈勒姆大学（Sheffield Hallam University）在学校里提供了各种模拟实习场景，这种模拟不同于中国高校的实验教学，它根据不同年级学生的学习阶段来设定角色，使不同的学生能够体验不同岗位的要求。如诺丁汉特伦特大学，将企业中的现实问题引入课堂，由学生组成一个团队，选择一个问题，经过老师指导，为现实问题提供答案，这样就可以很好地培养学生的就业能力。

其五，完善大学生就业服务体系，建立专门的就业指导服务中心。就业指导服务中心的重要任务之一就是指导在校学生对其未来职业生涯进行规划。这种职业生涯的规划服务贯穿于英国大学生的大学四年，著名的牛津大学（University of Oxford）也不例外。牛津大学在学生进校第一年就为其提供职业需求的相关信息，使其构成职业生涯规划的理念。在学生进入二年级后，牛津大学的就业指导服务中心就会帮助每个学生去认识和了解自己，帮助其选择专业。学生进入三年级后，就业指导服务中心会为学生提供雇主的招聘信息和对岗位的要求，并开始鼓励学生参加雇主的招聘会，让学生直接参与招聘。学生进入大四后，就业指导服务中心就开始有针对性地辅导学生的应聘技巧，包括如何写求职信，如何更好地参加面试。牛津大学的做法在英国高校具有较强的典型性。此外，英国高校还非常注重建立和有效利用大学生就业能力发展档案（该档案及时记录学生能力发展的过程）并将这些档案中的信息反馈给学生，进而促进学生就业能力的进一步提升。

（二）部分美国高校的大学生就业能力开发实践

美国高校在大学生就业能力培养方面起步较早，理论研究也比较成熟，取得的效果也很显著。美国高校培养大学生就业能力的主要举措有以下几个方面。

其一，高校以培养大学生就业能力作为学校理念之一。教育理念决定了一所高校的办学思路、学生培养模式，进而决定了课程设计及实施方式。美国许多高校的教育理念都透射出了重视学生就业能力培养的理念。如麻省理工学院（Massachusetts Institute of Technology）工程学院提出学院的使命是使学生有一个较好的科学、技术、人文基础，鼓励学生在定义问题和寻求答案上发展创造力，并通过改造工程教育、研究、实践，使工程师具备应对当今复杂世界挑战的能力，为人类造福。爵硕大学（Drexel University）工程学院提出为使学生在一个经验的和动态的环境中成为高度胜任的工程师和计算机科学家，学院通过提供综合的课程和参与满足社会重要需求的研究项目，促进学生职业能力和智力的发展。美国伍斯特理工学院（Worcester Polytechnic Institute）提出将社会需求与学术融合，将现实的需求与理论融合。

其二，将就业能力的培养嵌入课程体系，课堂教学注重就业能力培养。美国高校在课程设计上注重学生多学科背景，注重基础，注重学生社会实践的参与，这些特征也体现了美国高校对学生就业能力培养的重视。为了开发学生的实践能力，使其所学知识能较好地运用到工作中去，美国许多高校都提高了实践性教学环节的比重，特别是更新了实验课、习题课的内容，并增加了学时数，但这些实践课程数的增加不是以牺牲理论课程的学时为代价的。麻省理工学院工程学院重视本科生多学科的基础，学生必须参加学校的统一必修模块：8门人文社科类课，6门自然科学课，2门科学与技术科目限选课和1门实验课。

此外，学院鼓励与管理学、政治学、经济学、自然科学或工程的其他领域的第二学位结合；通过合作教育计划、学硕连攻计划等安排，以同时取得本科和研究生的学位以及开展若干横跨全校各学院的辅修计划。爵硕大学工程学院通过全面综合的课程，且由技术、合作教育和研究强化课程来培养学生，促进其持续发展。每个学生每学期都要学习一门文科课程，在前两年，文科课程主要是人文类；后两年可由学生在宽范围的文科课程中选择。大学二年级也需要完成指定的一系列课程，主要在秋冬学期完成，春夏学期进行实习项目，同时还需要完成各系相应的课程。大学三年级学习专业方向课程。在大学四年级，学生以团队形式进行一个综合设计项目和学习主要的选修课，从而确定自己感兴趣的研究领域。美国伍斯特理工学院要求学生修完人文主题类的5门课程和1门高级研究科目或实习科目，2门社会科学，4门体育课；每个学生需要做3个项目，大部分项目是发起人的实际研究课题，这样可使学生了解真实世界，同时获得较好的与现实的联系。

其三，重视基于职业环境的实习教学环节。这里的实习教学环节就是指在真实职业环境中的实习。美国一些高校特别重视这种基于真实职业环境的实习，并且有许多学校都有时间上的约束；一般都要求学生在企业实习至少半年。这样可以让学生在企业中真正了解企业的实际需要，并且可以让其对所学知识有更深的理解，同时在职业素养的提升方面也可以起到一定的促进作用。美国的实践教学环节除了在企业实施，也强调大学生应积极参与真实的科研项目来提升研究能力，包括开设研究方法的相关课程，在校园内营造研究氛围，开展专家讲座、专家座谈等，并且通过学生科研项目，使学生获得参与真实项目的机会。如麻省理工学院工程学院通过设立各种特殊项目（special programs）来培养学生的创新精神及实践能力。以本科生实践机会计划（UPOP）为例，该计划由专人负责，旨在通过学生实践发展其工程技能和商业技能，是培养学生创新精神及实践能力的重要课程。它给学生提供独立活动期（independent activities period），让学生可自由安排自己的学习日程，从事独立的课题或做一些在学期内感兴趣却无暇顾及的研究项目，激发学生的创新精神。

其四，鼓励学生成立各类社团，积极参与社团活动。美国许多高校为了培养学生的就业能力，大力资助大学生成立各种社团，让学生在组建社团、参与社团活动的过程中，开发其团队合作能力、领导能力、责任感等就业能力的构成要素。麻省理工学院工程学院积极鼓励学生参加"本科生研究机会计划"（UROP）或"本科生研讨计划"（USP）及课外俱乐部，给学生提供工程实践的经历。

其五，重视对学生的就业指导，设立完善的就业指导体系。首先，美国高校要求在校生在校期间必须接受以自我评价、如何确定职业选择方向、如何确定择业目标为核心内容的职业指导教育。其次，注重对毕业生的就业指导工作。美国高校都设有毕业生就业指导中心，该机构是学校的常设机构，由分管学生事务的副校长负责，并且学校有充足的经费维持该机构的运行，一般的学校都是将学费总额的5%作为投入经费。美国高校与英国高校一样，也将职业发展规划指导工作贯穿学生的整个大学生涯。在大学的每个年级都有与职业生涯规划相关的辅导，其内容与英国高校类似。此外，美国高校就业指导中心的人员专业素质较高、职业化趋势明显、人员配备充足，能保证就业指导人员对大学生的职业生涯规划提供高质量的服务。如美国伍斯特理工学院重视师生间的互动，平均每班是 25~35 人，老师会及时地回答学生的问题，无论在白天还是晚上、课内还是课外（师生关系密切程度全美排名第一）；强调学生之间的合作，在课堂、做项目和各种活动中学生都以团队形式在一起工作；注重学生的职业规划，职业发展中心（Career Development Center）帮助学生规划其职业生涯，包括帮助学生选择专业以适合其未来职业目标，帮助学生构建履历和提高面试技巧，主办招聘会，针对学生有兴趣的职业邀请校友演讲。

（三）部分日本高校的大学生就业能力开发实践

日本高校对学生就业能力的培养也非常重视，许多高校将大学生就业能力的培养作为其学校理念之一，并采取了各种措施来进行大学生就业能力开发，主要有以下几个方面。

其一，设立贯穿整个大学四年的学生就业指导体制，注重培养过程中的全程指导。日本高校组织内普遍都有学生就业指导部门，与英美两国相同，就业指导部门都有专职人员从事就业指导服务工作，就业指导人员配备也较充足，就业指导服务人员的专业化程度也较高，这些就业指导服务人员会针对每一个学生进行个性化的全程就业指导服务。这种全程就业指导服务与英美两国也基本相同，贯穿学生的整个大学学习生涯。日本高校对大学生的职业生涯规划服务的内容与方式，也与英美两国的高校大同小异。如日本的立命馆亚洲太平洋大学（Ritsumeikan Asia Pacific University），学生从大学一年级开始便需要学习职业生涯规划的相关课程。学校会针对每个学生的情况进行关于未来职业发展方向、个人兴趣相关的问卷调查，并将问卷调查获得的数据进行整理，形成学生职业生涯规划的初始档案，并据此帮助学生制订学习计划。以后三年，学生每年都会接受不同的职业生涯规划相关课程和个性化的指导。

其二，日本高校注重将就业能力提升目标嵌入人才培养的各环节中去。首先，日本高校将大学生就业能力提升目标充分融入课程的设计中，包括设立各类就业指导课程。其次，日本高校也重视吸纳企业界的专业人士来为学生上课。最后，与英美两国类似，日本高校也非常重视大学生的实践教学，为学生提供稳定的实习场所。如立命馆亚洲太平洋大学就将职业规划教育的课程纳入人才培养的课程模块中，使其成为正式课程。该高校也非常重视与企业界的联系，邀请企业中的专业人员来校开展讲座，并向这些企业推荐学生进行专业实习。此外，学校会和协作企业、地方政府等签订协议，为学生实习提供方便。

其三，除了重视学生参加企业实践活动，日本高校也注重学生参与社会实践活动。日本高校积极鼓励学生在校期间去体验各种社会实践活动，包括参加志愿者活动。大学生参加社会实践活动也受到政府的重视。在日本，从大二起大学生就可以向学校提出就业意向，然后学校依据学生的就业意向帮助学生联系企业从而获得实习机会。

其四，在高校建立就业体验制度。日本高校通过加强与产业界的联系来建立就业体验制度。就业体验制度的实质是让学生能够感受和了解真实的职业需求，了解社会经济的发展现状。这种制度的具体实施方式包括邀请政府官员、社会名人、知名企业家对最新的社会经济文化发展现状进行演讲，以及与企业、政府和社会团体建立紧密的联系，为高校开设职业开发方面的正规课程等。日本高校还通过支持在校学生积极参加社会上的志愿活动来体验未来职业，以期学生能够尽早树立职业目标。这些措施的目的是使学生在对职业有更详细的了解的基础上来逐步清晰自己未来的职业目标。

从以上三个国家的高校对大学生就业能力开发的实践看，就业能力开发的具体措施虽有不同，但都是通过鼓励学生经历不同类型的工作经验、将就业能力开发目标嵌入学习计划中、进行职业指导的管理、基于真实职业环境安排实习等来实施大学生就业能力的开发。

第三节　大学生就业能力开发要素的界定

大学生就业能力开发是指高校通过系统的培养来使大学生获得职业选择和职业发展的知识、技能和态度，从而提升大学生就业能力。基于此概念，本书将重点解析大学生就业能力开发机制的构成要素，即大学生就业能力开发的实施环节或路径。确定就业能力开发路径，首先需要解析出大学生就业能力的影响因素，通过影响因素来确定高校进行大学生就业能力开发的各环节。

一、课程体系

课程体系是一个集合概念，是指为实现人才培养目标而形成的一系列相关课程的集合，是能力开发得以实现的基本载体。课程体系应包含专业下的总课程量、不同课程类型的比重等，还包括课程体系与大学生就业能力开发的相关度、课程体系的开放度等。课程体系不是随机地进入人才培养过程中的，而是通过有目的的选择、按照一定的关系、以一定的结构呈现的，即课程体系以具有结构的体系形态对人才培养质量发生影响。课程结构是人才培养目标的具体化，学校办学理念、专业人才培养目标是通过结构化的课程体系实现的。从这个意义上讲，有什么样的课程结构，就培养出什么样的人才。是基础宽厚的还是专业突出的，是学术倾向的还是职业倾向的，是知识型的还是能力型的，皆在一定程度上取决于课程体系的结构。

基于课程体系的基本理论，结合本章前几部分的内容，以大学生就业能力开发为目标的课程体系，可以从以下几个指标来诠释：专业基础课程、创业创新教育课程、跨专业的选修课程、专业方向课程和实践课程。

二、培养途径

培养途径是指通过一定的方式使学生获得相应的知识、技能和态度。从大学生就业能力开发的角度讲，大学生就业能力培养途径就是要通过课堂教学、实践教学等方式来使大学生获得与未来职业相关的知识、技能和态度。现有文献对培养途径的解释都是从对人才培养模式的剖析出发的，具体包括课堂教学和实践教学两个基本途径，课堂教学和实践教学都以使学生获得就业能力的提升为目的。英美日等国高校会让学生参与教师的科研项目、鼓励学生自主的科研项目、让学生积极参加实习、让学生参加各种社团活动等都是培养途径的具体形式。除此之外，学校在校园文化的建设方面也会对大学生的行为规范和个人的态度产生积极的影响。本书访谈的对象也认为培养途径对大学生就业能力开发有着重要的作用，培养途径中的实践教育显得尤为重要。访谈对象提出，实践教育不能仅停留在企业中的实习或实践，在现阶段，学校也可以通过在校园内创建大学生创新创业实践基地来为大学生提供学习机会；学校还应该重视大学生的创业教育，在校园内建立一些创业基地，为大学生提供实施创业项目的机会。上述这些培养途径的具体形式，都是大学生就业能力开发的重要途径。

大学毕业生无论最终去向如何，都是要走向社会的不同职业岗位，成为社会职业系统中的一员。因此大学生必须能够达到社会职业系统对其提出的要求，否则就无法在社会职业系统中获得职业生涯的提升与发展，甚至无法获得相应的职位。但不同的岗位有着不同的要求，而大学生就业能力是一种与专业相关的职业能力，因此高校在制订培养计划时应该考虑大学生的专业性，结合其特点来设计和实施合适的培养途径，通过课堂教学、实践教学的改革使学生获得与未来职业需求相符的知识、技能和态度。基于上述分析，结合文献回溯、案例研究和访谈获得的资料，本书将培养途径这一构成要素的指标界定为：基于能力导向的课堂教学、加强与各类职业证书相关的教育、学生参加各类社团活动、与海内外高校间的交流机制、各类社会实践活动、鼓励和支持学生的创业活动、完善实习制度与加强实习管理。

三、师资水平

在对优秀毕业生和相关专家的访谈中，访谈对象都认为教师是人才培养模式中最重要的一环，好的教师是能引领学生走向成功的中坚力量。教师应该有丰富的专业知识，并且教师应该具备综合素质，这样才能开拓学生的思维，为学生在专业知识学习、专业技能获得等方面提供强有力的支撑。

大学教师在大学生人格培养上也有着重要作用。学校要培养学生的阳光心态，对学生进行思维训练，教师的言传身教是非常重要的，教师必须以身作则。很多大学生的心智尚未完全成熟，大学在人才培养方面的一个重要职责就是要培养学生成熟的心智。在这方面，教师对学生的引领作用非常大，在访谈过程中，访谈对象都认同教师的引领作用。

教师还应该具备相应的职业经历。教师一定的职业经历对学生的职业思路、职业认知等方面很有帮助。此外，高校通过促进跨学科组织的发展来增强高校教师的科研能力，科研也是提升教师教学水平的重要途径。跨学科研究有利于解决复杂问题，提升教师的科研能力。高校应该通过促进跨学科研究的有效组织模式的形成来整合教师资源，提升教师的科研能力。

四、就业服务

就业服务主要是指为学生提供职业指导和提供招聘信息等服务。职业选择与发展规划指导不同于职业教育，职业教育是一种人才培养模式，而职业选择与发展规划指导是针对所有学生的人才培养模式中的构成要素。对大学生职业生涯的指导这一项就业服务工作，不同的文献用不同的术语来命名，如职业发展学习（career development learning）、职业自我管理学习（career self management learning）。这些术语的表述虽有不同，但都是指高校通过各种设计好的教育活动来培养学生自身对职业定位意识、职业机会识别能力、职业决策能力和职业转移能力。

发达国家的高校对大学生的职业生涯指导教育活动已经形成较为完整的体系，从本书对英国、美国和日本的案例分析中可以看到，这三个国家高校的职业指导服务工作是对所有学生实施的，并贯穿于学生整个大学生涯中，分阶段进行。从本书第二章能力理论的综述中可以看到，能力的结构要素从形成容易度的视角可以分为比较容易习得的知识和技能以及需要通过长期不断积累形成的职业态度，包括职业认同、责任心、进取心等个人属性。能力要素中的知识和技能可以通过教育和培训在较短时间内养成，但职业态度需要长期的积累才能形成。因此，高校应该从新生进校开始，就对其进行职业生涯规划的指导，并持续实施至毕业生获得职业为止。国外高校往往是通过开设职业生涯规划的相关课程，帮助学生了解自身的兴趣，进而选择专业，为其提供职业需求的信息和劳动力市场信息，提供应聘技巧的指导服务等形式来进行大学生职业生涯规划指导，提升大学生的个人职业生涯管理与规划能力。这些国家的高校通过科学的手段来获取大学生个体的专业兴趣，如通过问卷调查方式来了解每个学生的职业兴趣，同时在获得信息后，建立相关的档案，为未来的职业指导提供依据。

从大学生就业能力开发角度看，学校对学生的职业规划与职业选择的指导是非常重要的，尤其是在中国高校中尤为重要。这一点在对毕业生的访谈中也得到了印证，他们提出中国学生在大学教育前多是应试教育，直到进入大学后才有所改变，他们在大学选择专业时往往不是按照自己的职业兴趣来选择，而是看哪个专业热门或者直接由其父母代为选择。在这样的背景下，大学生很难有正确的职业观。况且现在很多高校的职业指导仅停留在毕业生的就业服务方面，因此中国高校需要加强对在校生的职业规划和选择的指导。

基于上述分析，本书将就业服务这一构成要素的诠释指标界定为：实施本科生职业指导顾问制度（校内专职教师的指导、毕业校友的指导、产业界专业人士的指导）、设立职业生涯管理教育的课程模块、就业安排服务（组织召开招聘会、提供职业信息）、设立专门的就业服务部门。

第五章

当代大学生求职策略

第一节 树立科学的就业价值观

一、正确认识自我定位

当前,我国高等教育已进入大众化时代。大学生已不再是就业市场上稀缺的人力资源,所以大学生的就业压力将会越来越大。一方面,我们国家经济市场化改革进程加快,产业结构不断转型升级,经济增速放缓,移动互联网等新技术对传统服务业造成巨大冲击;另一方面,国际金融危机仍在持续,外需不旺,部分外向型企业发展失利,很多企业削减招聘需求甚至取消了校园招聘计划,进一步加剧了本已十分严峻的就业形势。造成大学生就业难的客观原因很多,有高校专业结构不尽合理、就业市场不够完善、我国仍处于国际产业链分工的低端、有些企业人才"高消费"等。然而就学生个体而言,主要的原因是自我认识不清楚,就业观念不正确,就业心态不合理。

(一)正确认识自我

1. 职业兴趣

兴趣是最好的老师,是一种无形的动力。每个人都会对自己感兴趣的事物给予优先注意和积极探索,并心驰神往。美国著名职业指导专家霍兰德提出:一个人的职业兴趣会极大影响职业的适宜度，当他从事的职业与其兴趣相吻合时，就可能发挥最佳水平，易于做出成就；反之，所从事的职业与其兴趣相悖，则很难有所成就。霍兰德将人的职业兴趣分为六种类型：现实型、研究型、艺术型、社会型、事业型、常规型。其理论适应范围是应届毕业生和工作经验较少的人。

2. 气质与性格

性格与气质是既有区别又有联系的两种不同的个性心理特征，二者在人的一切行为活动中起着重要的导向作用。气质是人生来就具有的形成某些特定行为类型的倾向性，它是指在人的认识、情感、言语和行动中，心理活动发生时力量的强弱、变化的快慢和均衡程度等稳定的动力特征。主要表现在情绪体验的快慢、强弱，表现的隐显以及动作的灵敏或迟钝方面。

人的气质分为四种：热情的胆汁质，开朗的多血质，冷静的抑郁质，沉稳的黏液质。不同气质类型的明显区别是：胆汁质的人是急性子；黏液质的人是慢性子；多血质的人兴趣容易转移，爱好广泛；抑郁质的人性格孤僻，不愿交往。

性格是表现在人对现实的态度和相应的行为方式中的比较稳定的、具有核心意义的个性心理特征，是一种与社会相关最密切的人格特征。性格主要体现在对自己、对别人、对事物的态度和言行上。性格是在社会生活中逐渐形成的，同时也受个体的生物学因素的影响。性格受人的价值观、人生观、世界观的影响。性格有好坏之分，能最直接地反映出一个人的道德风貌。

本性和性格的区别：性格是后天形成的，如腼腆的性格、暴躁的性格、果断的性格和优柔寡断的性格等。本性是人天生所具有的、不可改变的思维方式，如自尊心、虚荣心、荣誉感等。人的本性包括求生的本性、懒惰的本性和不满足的本性等。

每个人都有与众不同的性格特质。性格与职业的最佳匹配能使我们成为更有效的工作者，可以促进我们对工作的兴趣。

3. 能力

作为大学毕业生，既要对自己的各项能力进行盘点，又要善于根据企业需要不断调整、锻炼自己的能力。能力包括：语言理解、数量关系、逻辑推理、知觉速度、空间知觉、综合分析、动作协调、沟通表达、团队协作、专业技能……

学生和社会人对能力的关注点有很大不同，学生的关注点：成绩、学习能力（记忆力）、思想、概念、个体自由；社会人的关注点：绩效、学习能力（将知识转化为绩效的能力）、团队、行动、整体责任。大学生的主要目的是学习，职业人主要是完成上司交办的工作任务。学习主要看学习能力,包括理解、逻辑思维、记忆能力等;职业工作需要的能力很多,包括沟通、协调、学习、操作、洞察、计划、领导、实施能力等。在所有能力、素质中,工作态度是极端重要的。员工的工作态度是大部分企业最为看重的,上司把工作态度看得比专业知识更为重要。他们认为,一个人的知识技能可以通过培训获得和提高,但工作态度很大一部分是受个人的生活习惯、生活环境、性格影响的,一旦养成很难改变。

用人单位最喜欢的工作态度是:准时、诚实、可靠、稳定、主动合作、善于学习、幽默、乐于助人等。用人单位最不喜欢的工作态度是:懒惰、迟到、缺席、不忠实、精神不集中、太少或太多野心、被动、不诚实、不合作、没礼貌、不守规则、破坏、不尽责、无适应能力等。

(二)确立自己的职业目标

根据专业,了解相关行业,如计算机行业的毕业生要了解以下信息:

与专业直接相关的职位,如计算机专业——计算机维护、网页设计、程序设计、数据库应用、安全防护、结构化布线、图像处理、动画设计。

与专业间接相关的职位,如计算机打字员、速录人员、文员、会计电算化人员、网络营销人员。与专业无直接关系的职位,即转行。

二、树立就业价值观

就业价值观是人生价值观的反映。人生价值观是人们在实践中形成的对人生的目的和意义的根本看法,它决定着人们实践活动的目标、人生道路的方向和对待生活的态度。

(一)人生价值观的类型

1. 儒家积极进取型人生观

儒家主张通过修身养性,实现"齐家、治国、平天下"。推崇仁义道德,提倡自强不息的主体精神,积极进取,先义后利,对名利要"直中取"。主张经世致用,建功立业,教民化俗,内圣外王,达则兼济。

2. 小资的自私自利与小农的小满即足人生观

此种人生观以《列子·杨朱篇》为代表。"拔一毛以利天下,不为也!"它认为社会的一切交往和生命活动应该以纵欲享乐为根本目的,充分满足自我的欲望。人生短暂,生难死易，人生的意义就在于及时行乐。普通百姓便认为人生在世，只求无灾无祸，无饥无寒，有一个养家糊口的小业，太平无事，便是一生最大的心愿。

3. 扭曲的世俗升官发财型价值观（金钱万能、权力至上）

拜金主义人生观认为金钱是万能的，认为金钱能主宰一切，是衡量一切行为的标准，以不择手段赚钱作为人生的信条和原则。

"吃得苦中苦，方为人上人""学而优则仕""十年寒窗苦，一朝天下知"，只要中举，升官晋爵，便能光宗耀祖，封妻荫子，流芳百世。这种升官发财型价值观借尼采的权力意志说为自己辩护，认为追求权力是人的本能。

4. 马克思主义的人生观

努力实现自身价值和社会价值，把通过自我奋斗成才和为社会作贡献结合起来。自我价值和社会价值是辩证统一的。牢固树立集体主义价值观，把国家需要、社会责任和个人价值有机统一起来。

大学生的择业观念虽然在总体上倾向务实与理性，但由于处于择业观念的不稳定时期，所以也存在着各种不良的择业观。

（二）当前大学生的不良就业价值趋向

1. 只顾眼前利益，忽视职业发展

一些大学生在择业标准中只有工作条件、收入等眼前实在利益，而对自我的职业兴趣、能力、职业的发展前景等因素不作考虑，因而通常选择并不适合自己的职业。

一些同学过分强调职业的功利价值，甚至还将职业划分为不同等级，而不考虑国家与社会的需要，不愿意到条件比较艰苦的地区和行业去工作。

对于什么是"好工作"，让大学生下判断还为时过早。对一个没有任何工作经历的大学生来说，对好工作的理解，多半来源于长辈和社会舆论。一味追求自己并没有实践过的"好工作"，并希望"一步到位"，不一定有利于确定自己在社会中的位置，实现自身的价值。

人人都满意的"好工作"是有限的。大学生就业会首选大城市、大单位，这是人之常情。但是找不到自己理想中的工作怎么办？随着大学毕业生人数的增多，就业竞争会更加激烈。大学生步入社会，首先要解决生存问题，有生存才可能发展。其实，并不是只有大城市、大单位才能施展才华，小地方也能提供机会，就业成功的关键取决于自身能力，如果没有真本领，即便到了一个"好单位"，也随时有被淘汰的危险。

2. 求安稳、求职一次到位的传统观念根深蒂固

很多大学生仍然喜欢稳定、清闲、福利保障好的单位，而不愿意选择有风险、有挑战性的工作，更不敢自己创业。

一个人在一个单位终老的情况几乎已成为历史。职业生涯的每一个环节，无论是在大城市还是在小地方，在大企业还是在乡村，只要用心、留心，都能积累经验，增长见识，并为长远的职业生涯发展奠定基础。

3. 过分强调专业对口、学以致用

在求职时，只要是与自己专业关系不密切的职业就不考虑，这样做只能人为地增加自己的就业难度。

一味地高标准定位，盲目性太强，就会把自己框死在狭窄的就业范围中也容易高不成低不就，在求职过程中屡屡碰壁。

4. 职业意义认识不当

许多大学生还仅仅把工作当作一种谋生的手段，没有充分认识到职业对个人发展、社会进步的重要意义。职业是劳动者谋求发展、实现和创造自身价值、完善自我的重要途径。

（三）树立科学的就业价值观念

改变一次就业和高薪就业的观念，而要有多次就业和降低标准的思想准备。改变一步到位的观念，树立逐步到位的观念；不挑肥拣瘦，从最基层干起。

职业的选择是需要在社会上不断磨炼后慢慢确定的；职业没有高低贵贱之分，行行都能出状元。

基层大有可为。古人云："猛将必拔于卒伍，贤相必起于郡县。"大学生要树立"重事业，轻待遇；重发展，轻地域；先生存，后发展；先就业，后择业"的择业观，树立主动到祖国需要的地方干一番事业，踊跃到基层锻炼的成才观。在基层的实践中丰富自己，砥砺意志，提高业务能力。

要从小事做起，才能成就大事。不拒绝做小事，注意每一个细节，这对一个人的一生都很重要。影响我们生命和成功的往往不是大事，彗星靠近地球是大事，但它会影响你的事业吗？豺狼虎豹是猛兽，但我们中有谁曾经被咬过？蚊子与人类相比，绝对是弱势群体，可是哪一位没有被蚊子叮过？在人生旅途中把我们搞得狼狈不堪、精疲力竭的往往不是高山大河，而是我们鞋里的一粒沙子或松开的鞋带。从细微之处着手是成功的保证。细节会体现你的修为是否到位，处事是否得体。

第二节　求职过程中的心理调适

一、大学生求职择业中的心理误区及矫正

在市场经济条件下，就业首先是社会的选择、企业的选择，大学生应该考虑如何适应社会和企业的要求。只有在这个前提下，才可能实现自己追求的目标，实现自己的价值，达到个人的理想与社会的目标相一致。从这个意义上说，个人愿望应当处于从属地位，就业目的应该是单纯的——接受挑选。大学生在求职中，由于缺乏经验，不能把握自己，往往会陷入求职误区，结果痛失良机。因此，认识求职中的心理误区，对成功求职大有裨益。

（一）择业过程中的思维定势

心理学家告诉我们，每当人们采取一种思路后，下一次还会采取同样的思路，通过思维活动强化了这种思路，这就是所谓的思维定势。思维定势一般与人的阅历和经验有关。它有积极的一面，也有消极的一面。少数大学生在择业上存在着"等、靠、要"的心态，即依赖心理。最主要的原因是思想观念陈旧保守，具体有以下几种情况：①"守株待兔"。有些毕业生不愿，甚至不敢站出来向用人单位推销自己，希望天上能掉馅饼。②寄希望于父母。有的同学认为，有好的成绩不如有个好父母，有"大树底下好乘凉"的依赖心理。③寄希望于"统包统分"。有的毕业生一无推荐材料，二不收集需求信息，三不刻苦塑造自我，毕业时向学校、亲友要工作、求分配。

要克服依赖心理，首先，要有服务和竞争意识。温州人经商有四个"千万"的经验，即"走遍千山万水，道尽千言万语，历尽千辛万苦，服务千家万户"。不走遍千山万水，无法寻求商业上的信息和机会；不道尽千言万语，无法打开商品的销售市场；不历尽千辛万苦，无法获得从商的经验和利润；不服务千家万户，无法赢得顾客的信任和欢迎。这个经验对于大学生就业是有很多启示的。其次，要树立正确的职业观。"不是为单位工作，而是为自己工作。"有了这种职业观就会任劳任怨，兢兢业业。职业观是一种信念，是具体工作的基础。

（二）自我条件评估的失当

这种自我评估失当一般表现在两个方面：一方面自我就业条件评价过高，因而对择业自我挑剔；另一方面是自我就业条件评价过低，因而对择业信心不足。

前一种往往是学习成绩比较好、工作能力和社交能力较强的学生，他们不担心找不到工作，因而对就业各方面要求较高，地区、单位、职业、报酬、工作条件、发展前途、出国机会等都在考虑之列，这是自大心理。自大心理主要表现为固执己见和自命清高。表现在择业上就是主观意识非常强，不考虑需要，不考虑自身条件。大学生的自大心理反映出他们过多地看到自己的长处，不能客观地认识和评价自身的不足，这就必然会导致在社会上、工作上引起人们的反感和缺乏应变能力，使人际关系紧张。克服自大心理的方法就是有意识地参与社会生活，拉近自己与现实生活的距离，提高自己的自我评价能力和社会适应能力。

后一种往往是一些学习成绩平平或较差、缺乏实际工作能力无社会活动能力的学生，他们对自身的条件缺乏信心，内心十分焦虑。他们不主动出击，向用人单位推销自己，而采取被动的态度等用人单位选择自己。这种自卑畏缩的态度往往使他们失去了本来可以就业的机会。要克服造成大学生择业自卑心理的关键是塑造自己坚强的性格。

（三）择业的意愿和要求过高

大学生择业的条件主要受四个目标所支配，即工资、住房、个人发展条件和工作地区。目前，大学生在择业过程中普遍存在就高（高收入）不就低（低收入）；就东（东部沿海地区）不就西（条件艰苦的西部内陆地区）；就城（大城市）不就乡（乡镇）；就富（经济发达富裕地区）不就穷（穷地区）；就大（大企业、大单位）不就小（小企业）等情况，影响了择业的成功率。

这就要求我们必须克服职业理想化倾向。所谓职业理想化倾向，就是不切实际地评估自己和不现实地要求社会，把自己的职业岗位和职业前途"自我设计"得过于完美。

大学生不仅要考虑"我想干什么"，还要考虑"我会干什么"，更要考虑"社会允许我干什么"。

（四）择业过程中的挫折心理

挫折心理是指人们在某种动机的推动下，在努力实现目标的过程中，由于受到阻碍和因无法克服这种障碍而产生的紧张心理和情绪反应。在求职就业问题上，大学生往往会产生挫折心理，主要是由于他们在择业时，因各种原因不能被社会、亲友、老师、同学理解和认同而产生的一种怀才不遇的感觉。还有的是因为大学生自我评价、自我期望值和自我目标设置得过高，而对现实评估不足造成的。

在择业中要正确对待挫折，才能战胜挫折。首先，要面对现实，调整自己的期望和自己的需要、动机、目的、情绪等；其次，要对感情实行"冷处理"，用理智驾驭情感，自我冷却；最后，是采取自我暗示法、减敏感法、升华法等调整自己的心态。

（五）择业过程中的嫉妒心理

嫉妒心理表现为对他人突出的品质、才能和成就高于自己所产生的想贬低或破坏他人的心理倾向。大学生在择业中，极易产生嫉妒心理。择业过程中，往往带有一些竞争性，一些心理不够健康的大学生，可能诱发嫉妒心理。

要同嫉妒告别，关键是驱除私心杂念，开阔心胸。在竞争中，万事超人这是不可能的，别人在某方面优于自己，这是很正常的。应学会进行公平竞争。同时也可以运用"心理位置互换法"，将心比心，逐渐调整自己的心态。

（六）择业过程中的从众心理

心理学上所谓的从众，是指在社会团体的压力下，放弃自己的意愿而采取与大多数人的做法一致的行为。其从众的原因，是由于实际存在的或头脑中想象到的社会压力与团体压力，使人们产生了符合社会要求与团体要求的行为与信念，促使其不仅在行动上表现出来，而且在信念中也改变了原来的观点，放弃了原来的意见。大学毕业生在择业问题上的从众心理表现如下：无主见、不能独立思考、依赖性强、容易接受别人的指点或某种"思想""倾向"的影响，或是急于求成，毫无主见。许多毕业生凭着一知半解，为追赶潮流，不顾自己的专业、特长等。忽视志趣和潜能在择业中的重要性。

古往今来，大多数有才者都具有很强的独立思考能力，力求摆脱从众心理的束缚。大学生应当具有很强的独立思考能力，逐步培养自己独立分析问题、解决问题的能力，从而克服从众心理的影响，为今后成功走向社会奠定良好的心理素质基础。

（七）择业过程中的虚荣心理

虚荣心过强者，在择业中往往把注意力集中在社会知名度高、收入高的就业单位。这些大学生不从发挥自身优势出发，不考虑自己的竞争实力，甚至不考虑自己的爱好专长。他们选择职业是为了让别人羡慕，做给别人看，而不是为自己寻找用武之地，结果曲高和寡，不能实现。

（八）择业过程中的攀比心理

俗话说，这山望着那山高。事事攀比者，往往在求职择业中缺乏主见，自信心不足，极易受他人的干扰。他们把注意力过多集中在别人的就业取向上。你进入城市，我就要到经济特区；你到北京，我就要到上海。持这种心理谋职，无异于逼着自己和别人同走独木桥，这样难免会失足。

二、怎样步出职业性别化的心理障碍

由于历史的、现实的、客观的、主观的种种原因，女大学生在职业选择中，在激烈的职业竞争中表现出如下特有的心理障碍。

（一）自愧不如的心理

不少女大学生容易在择业难的情况下产生自卑心理和示弱心态。"我能竞争过男同学吗""万一失败怎么办"这种自己给自己设置的心理障碍，往往使女大学生缺乏勇气和获胜的信心。所以，女性成功的主要障碍不是别人而是自己。

（二）依赖心理

有的女大学生依赖学校分配工作、家长帮助找工作，总把自己当成弱者。试想，一个缺乏自立、自主、自强意识的大学生，怎么能做出符合自己特点的职业选择呢？又怎么能去主动地适应社会进而能动地改造社会呢？

（三）犹豫不决心理

有的女大学生由于缺乏主见，在从学校到社会这个人生的重要转折时期，分不清主次矛盾，同时由于缺乏社会经验，再加上自卑心理作祟，使一些女大学生在择业问题上，优柔寡断，产生困惑与迷茫，以致失去良机。

第六章

当代大学生就业能力培养机制的构建

第一节 大学生就业能力协同开发机制的理论构建

一、大学生就业能力协同开发机制基础理论

协同理论的创立者是联邦德国斯图加特大学教授、著名物理学家哈肯（Hermann Haken），协同理论是20世纪70年代以来在多学科研究基础上逐渐形成和发展起来的理论，是系统科学理论的重要分支理论。协同理论以现代科学的最新成果——系统论、信息论、控制论、突变论等为基础，吸取了结构耗散理论的主要观点，采用统计学和动力学相结合的方法，提出了多维相空间理论，建立了一整套数学模型和处理方案，在微观到宏观的过渡上，描述了各种系统和现象从无序到有序转变的共同规律。协同理论强调系统的协同性，在运行中应处理好以下四个方面。

（一）目标性

系统具有很强的目标性，系统的目标性是引导系统内部各部门、各子系统之间相互作用、相互协同的关键。系统的协同以实现系统的总体目标为最终目的，各个子系统和各个子部门之间的相互作用、相互支持和相互促进，最终也是为了实现这个总目标。因此，

如果失去了总体演进目标，那么系统也就失去了其方向性、目标性。

（二）联系性

协同性在概念上就揭示了系统之间的各个要素是相互联系的，没有系统内部的各元素各子系统之间的联系，协同也就失去了其存在的基础。如果各个子系统或各个部门自成一体，无法结合，那么协同就无法产生。协同作用产生之后，会协调系统内部各子系统和各部门之间的关系，进而产生一种整体效应。

（三）动态性

协同性不是一成不变的，其处于一个不断变化的过程之中。系统内部各子系统之间和各部门之间的相互作用处于动态的变化之中，作为保证其运行无误的内部规则，协同性必须根据系统发展的实际情况，不断给予修正，同时监控其发展。为了实现系统进程中的总体目标，有必要对系统内的各个子系统、各个部门的分目标进行随时修正，以保证总体目标的实现，因此协同性是动态的，而非静止不变的。

（四）网络性

网络性可以保证系统协同工作的畅通、无误，协同存在的基础是系统外部环境和系统内部各个子系统和各个部门的相互作用，如果不能详细划分系统内部、外部的各个事物和现象，并在这个基础上形成一个全视角、有层次、多方位的立体网络，那么系统就不能有效地协同工作，其协同性也就无法实现。

基于协同理论的思想，大学生就业能力协同开发机制的各个组成部分应该在目标和战略的指导下，相互关联或相互依存，构成社会网络，并通过培养评价环节获得的反馈进行动态调整和发展。因此，大学生就业能力开发的目标与战略为培养各环节之间协同关系的产生提供了前提条件，课程结构、培养途径、师资水平、就业服务以及社会网络等开发要素形成相互联系的一个开发大学生就业能力的网络系统；培养评价为就业能力开发机制各要素的动态调整进而保持协同关系提供了基本保证。基于协同理论，大学生就业能力协同开发机制作为一个系统，首先需要确定其目标与战略，目标与战略反映了就业能力提升机制存在的原因以及该机制力求达到的结果。确定大学生就业能力提升机制的目标与战略也为提升机制的运行子系统的设计确定方向，对子系统起着指导和引领作用，使得课程结构、培养途径、师资水平、就业服务、社会网络等要素指向就业能力开发。课程结构、培养途径、师资水平、就业服务、社会网络等大学生就业能力开发要素在目标与战略的引领下相互作用，相互联系，构成协同网络，对就业能力的提升直接产生作用。培养评价是该协同网络的控制与反馈子系统，对课程结构、培养途径、师资水平、就业服务、社会网络等要素，以及目标与战略进行控制与反馈，保障就业能力开发机制朝着设定的目标以及适应社会需求的方向发展，促使提升机制动态发展。三个子系统之间相互协同、相互整合来提升大学生就业能力。本书的大学生就业能力协同开发机制主要是指课程结构、培养途径、师资水平、就业服务、社会网络等大学生就业能力开发要素如何协同运行来开发大学生的就业能力。

二、大学生就业能力协同开发机制的内涵界定

（一）大学生就业能力协同开发机制参与者解析

大学生就业能力开发不仅涉及教师，也涉及大学生社会网络成员。要构建大学生就业能力协同开发机制，首先需要界定大学生就业能力协同开发应包含哪些参与者，必须将大学生就业能力协同开发的不同参与者融入构建大学生就业能力协同开发机制的过程中。需要明确在大学生就业能力开发过程中应该有哪些参与者，高校应将哪些参与者纳入就业能力协同开发机制，这些参与者在协同开发大学生就业能力过程中的角色等。

从现有的对就业能力结构的分析和本书的研究结果看，上述参与者中的雇主、毕业校友、学生父母属于高校外部参与者，在大学生就业能力开发过程中承担的角色应该是就业能力需求信息的提供者、就业能力开发真实情景的提供者、就业能力开发的协同指导者和就业能力开发结果的评价反馈者，即上述三类参与者可以为高校提供市场需要求职者具备怎样的就业能力的信息，参与大学生就业能力开发的具体措施的实施，评价和将评价结果反馈给高校。除了雇主是重要的就业能力需求信息提供者和评价反馈者，高校毕业校友和学生父母也是就业能力需求的重要信息提供者，同时高校毕业校友还是重要的评价反馈者。

高校毕业校友在进入工作岗位后，可以为高校提供就业能力开发的需求信息；同时，毕业校友自己在工作岗位中获得的经验和教训也是就业能力需求信息的重要来源。就业能力开发是一个过程，其中一个重要环节就是大学生就业能力开发结果的评价反馈。完成高等教育的大学生既是高校实施就业能力开发的最终"产品"，是大学生就业能力的接受者，也是高校大学生就业能力开发的"使用者"，他们最能直接感知高校就业能力开发与社会用人单位需求及职业发展需要之间的匹配度，可以说毕业校友对就业能力开发的结果最有

发言权，获得毕业校友对大学生就业能力开发的反馈评价是高校获得大学生就业能力开发结果评价信息的最好来源之一。因此，毕业校友是大学生就业能力开发过程中非常重要的参与者，毕业校友既是就业能力需求信息的重要提供者，又是检验大学生在高校获得的就业能力是否符合雇主需求及对自己职业生涯发展是否有作用的评价者，是高校实施大学生就业能力开发结果的最好反馈者。

高校大学生的父母在子女进入大学后，一般在工作岗位上已经有了较为丰富的工作经验，对职业的要求和未来的发展都会有较丰富的信息和资源可以提供。同时，中国高校在校生的家长大多非常关心子女的成长，对学生的就业有较大影响，有参与子女的培养过程的动力和积极性。因此，高校在校生的学生家长也是社会需求信息的重要提供者和大学生就业能力开发的协同指导者。

教师包括专业教师、班主任、学生辅导员等，他们是大学生就业能力开发非常重要的参与者，是大学生就业能力开发的直接实施者。教师对基于大学生就业能力开发目标的认同和大学生就业能力开发的教学理念的建立，教师关于大学生就业能力开发的教学能力和科研能力的提升等对大学生就业能力的开发起着非常重要的作用。

在校生作为就业能力的接受者，直接参与就业能力开发，是构建协同开发机制的重要保障。

（二）大学生就业能力协同开发机制的构成要素

大学生就业能力协同开发机制可以从以下三个方面进行构建：一是高校需要协同雇主、学生父母、毕业校友为高校提供需求信息，即高校从雇主、学生父母、毕业校友三个利益相关者处获取社会需要求职者具备什么样的就业能力的信息；二是高校协同雇主、学生父母、毕业校友实施大学生就业能力开发的具体措施，即高校通过一定的途径与雇主、学生父母、毕业校友协同指导学生，实施就业能力开发；三是高校从雇主、毕业校友处获得就业能力培养反馈信息。

1. 就业能力供需信息沟通

随着中国高等教育招生规模的持续扩大，高校与社会的进一步融合，对进入高校接受高等教育的学生而言，其接受高等教育的主要目的之一就是能够获得就业能力，进而在毕业后获得一份令自己满意的工作。但在现实世界中，由于经济结构（包括产业结构、产品结构、地区经济结构等）发生了变化，雇主对大学毕业生提出了新的需求，由于部分大学生的就业能力不适应这种变化，与市场需求不匹配，造成高校毕业生劳动力供需出现了不平衡，使得职位空缺与高校毕业生失业并存。基于上述环境的压力考虑，高校首先需要获取社会对大学生就业能力的需求信息，确保高校毕业生的就业能力符合社会需求。就业能力供需信息沟通机制构建就是指高校吸纳雇主、学生家长、毕业校友为高校提供就业能力的需求信息，同时将高校就业能力的供给信息提供给雇主。因此，高校需要与雇主、毕业校友、学生父母合作，构建平台来构建信息对接机制，如通过邀请相关专业人员来学校讲座，让学生去企业参观，开展职业发展论坛，邀请专业人士参与设计和评估专业培养方案等途径实现。

2. 就业能力协同指导

大学生就业能力开发需要通过具体的培养途径实现，主要包括课堂教学和实践教学两个基本途径，以及其他扩展途径。大学生就业能力开发途径是指通过课堂教学、实践教育、社会活动、与雇主交流等方式来使学生获得与未来职业相关的知识、技能和素养。实践教育尤为重要，实践教育不能仅停留在企业中的实习或实践上，高校也可以在校园内创建学生实践基地来为学生提供实践机会。学校还应该重视大学生的创业教育，在校园内建立一些创业实验基地，为学生提供实施创业项目的机会等，这也是大学生就业能力开发的重要途径。就业能力协同指导机制就是指高校通过建立各类平台吸纳雇主、学生家长、毕业校友参与大学生就业能力开发的各类具体措施，共同参与指导大学生就业能力的开发。

3. 就业能力评价反馈

对大学生的就业能力进行评价，是就业能力开发的一个必要环节，只有通过评价才能知晓就业能力开发的目标是否实现，培养出的人才是否符合产业界的需求。对就业能力开发结果进行评价的意义在于根据预先设定的评价标准对就业能力开发的过程和结果进行评估，判断是否达到了预先设定的目标，这也是一种反馈机制。通过评价并获得反馈信息可以对就业能力开发目标、途径等进行调控，并根据评价结果对就业能力开发的各个环节加以调整或优化，进而使大学生就业能力更符合社会需要。因此，评价反馈是大学生就业能力开发过程中的一个重要环节。基于大学生就业能力开发的视角，对就业能力开发结果的评价需要开放式的评价，要吸纳大学生就业能力的"需求者"和"使用者"来进行评价。大学生就业能力评价反馈机制是高校通过建立相应的平台来吸引雇主和毕业生对就业能力开发的结果进行评价，并将评价结果反馈至就业能力开发过程的一种机制。

综合上述分析，大学生就业能力协同开发机制由三部分组成，即就业能力供需信息沟通、就业能力协同指导和就业能力评价反馈。信息沟通为开发机制提供需求信息，有利于确定开发目标，通过信息沟通能够引导并培养在校生的就业认知能力。评价反馈为开发机制提供了质量监控机制，通过评价反馈可以使就业能力开发与雇主的需求一致。

第二节 构建大学生就业能力协同开发机制的路径

一、大学生就业能力协同开发的实施

大学生就业能力协同开发的实施路径就是指高校协调大学生就业能力协同开发的参与者参与大学生就业能力开发，使课程结构、师资水平、就业服务、社会网络等就业能力开发要素协调运行，从而提升大学生就业能力。由于高校面临着各方面的压力和挑战，因此需要改革来提高组织的竞争力和服务效益。从高等教育的发展来看，市场因素和竞争机制的介入已经是一种必然趋势，并已成为高校发展的重要影响力量之一。这导致高等学校不得不考虑声誉、办学效益、学生质量、研究实力等问题。在这种情况下，高校需要树立和提高服务意识，视学生为"产品"和"顾客"。一方面要对学生进行培养、塑造，满足雇主的需求、社会对人才的需求；另一方面，也要让其享受到相应的服务，包括课堂教学、科研指导、实践锻炼等，使其具备获得职业和职业发展的能力。高等学校开发大学生就业能力就是使得高校的"产品"符合产业界的需求，也符合"顾客"的需求，这是高校应对上述压力和挑战的重要途径之一。

大学生就业能力开发是一项复杂的系统工程，需要协调课程结构、培养途径、师资水平、就业服务、社会网络等要素。在协调上述开发因素时，需要考虑教育资源整合、学校权力结构和学校组织文化的结合，注重价值重建、权力重构和文化重塑，在管理观念、管理体制、组织结构、运行机制等方面进行全面的改革，即需要高校创新就业能力开发路径。路径创新应该包括以下四个层面：一是以学生的个性化发展和市场、社会需求为导向，在全面分析学校现行的各项工作和活动的基础上，进行培养目标的创新；二是以培养目标创新为导向，进行围绕目标和任务展开的管理观念、管理方式和运行方式的创新；三是以目标为导向，改变组织成员的态度和能力，实施人员创新；四是以现代信息化技术和方法为工具，建立全校师生共享的与外部连接的市场需求动态和人才培养质量反馈的信息平台。

从高等学校人才培养的去向看,学生毕业后无论是进入高校或研究机构,还是进入政府部门、企业、社会团体等单位,都是从高等教育系统跨越到职业系统,都是在从事某一特定职业。基于此意义,高等教育的人才培养就是"职业"教育,是为学生进入职业系统做准备的,为其提供进入职业系统和在职业系统内获得发展所需的就业能力。但是在中国现阶段,职业教育似乎只是技工学校、职业高中、职业技术学院等学校的主要任务,很多本科院校对职业教育的认识还不够。从上述对学生最后毕业的去向上看,无论是本科生还是研究生,都将在毕业后从事特定的职业,因此中国高校应该重新重视对学生的职业教育,而对学生就业能力的开发是职业教育的一种最基本、最重要的实施方式,但现在很多高校都将人才培养定位于学术性教育、学科型教育(吴晓义,2006)。教学型高校应该树立广义的职业教育观,加强对大学生就业能力的开发。大学生就业能力的培养与提升应该成为高校的主要目标之一,高校也需要通过就业能力开发路径的创新来改变现状。高等学校的人才培养一直以来都与职业相关,所以应一直注重职业能力的培养。

二、大学生就业能力协同开发的路径

结合能力开发理论提出的能力开发必须有合理的目标分解、科学的反馈等观点,高校进行大学生就业能力开发,需要建构一条动态的就业能力开发途径,这一动态的开发途径包括三个动态循环的阶段:就业能力开发的目标设定阶段、就业能力开发措施的实施阶段、就业能力开发结果的评估阶段。这一动态的大学生就业能力开发路径的具体实施措施,需要通过高校进行组织目标创新、管理创新、人员创新和制度创新来实现。

首先,大学生就业能力开发途径的实施是一个动态的过程,这一动态过程包含三个过程:过程一是设定大学生就业能力开发的目标,从内外部环境出发设定开发机制的目标;过程二是实施大学生就业能力开发措施,即高校通过管理创新、人员创新使大学生就业能力的各直接影响要素协调发挥作用;过程三是结果评估,即检查就业能力开发的实施效果,即是否到达了预先设定的目标、目标的社会需求符合程度如何。

其次,大学生就业能力开发路径的具体实施措施包括目标创新、管理创新、人员创新和制度创新,进而来协调大学生就业能力开发的各要素之间的关系,并使五个要素相互作用、协调运行产生作用。目标创新主要是指高校通过对外部环境中的机会、威胁、不确定性和资源的考察,组织内部优势、劣势和资源的审视,确定符合外部需求和适合内部特征的大学生就业能力提升目标与战略,进而让其他要素在目标和战略的指导下,相互关联或相互依存,构成网络并协调发挥作用。因此,目标创新为就业能力提升的其他影响要素之间协同关系的产生提供了前提条件。管理创新主要是指依据目标来设计恰当的课程结构、培养途径、师资水平、就业服务、社会网络成员协同等，使这些要素成为实现目标的保障。人员创新主要是指教师组织通过改变职员尤其是教师的态度、技能、期望、概念或行为，使教师产生目标认同感，并通过提高科研与教学水平等各要素，使其将就业能力开发的理念融入就业能力开发的实施过程中。制度创新主要是指结果评估机制的建立，高校需要建立大学生就业能力的评估制度，即大学生就业能力的评价机制，通过大学生就业能力培养评价机制来检验目标的实现程度和符合社会需求的程度，以此来检验课程结构、培养途径、师资水平、就业服务、社会网络成员协同是否有效地进行了大学生就业能力开发。

第三节 大学生就业能力协同开发机制的实施措施

大学生就业能力开发是一项系统工程，涉及大学期间的全程性培养，也涉及高校内部各部门之间的全面协同。高校在大学生就业能力开发方面，应该走在社会需求的前沿，同时也要适应社会的需求，这样才能更好地为社会提供合格的人才。

一、提升大学生就业能力开发目标的认同度

（一）就业外部的组织环境

高校就业能力开发目标的制定，需要考虑高校外部环境的变化，也需要考虑高校自身在高等教育系统中的位置及内部的组织环境。从环境看，提升大学生就业能力已成为高校人才培养的主要目标之一。现代组织面临着复杂多变、不可预测、竞争激烈的环境，如全球经济一体化的趋势明显、组织间的竞争变得激烈纷呈等。高校面临的环境也是如此。世界经济的波动、高等教育大众化的进程加快、进入高校的学生和毕业生的增加等，都对高校产生了不小压力，要求高校能对毕业生的就业质量负责。

外部环境的压力其一来自经济环境的变化和劳动力市场对大学生提出的要求。从宏观角度看，国民经济增长是提升高校毕业生就业率的重要影响因素。从现有宏观经济环境看，第三产业已成为发达国家最主要的吸纳劳动力的产业。但整体宏观经济的低迷，使包

括中国在内的世界各国就业形势变得严峻，宏观经济增长对大学毕业生的吸纳能力不强。加之2008年以来的金融危机导致发达国家经济增长受阻，对中国经济也产生了较大的影响，整个国际形势、经济形势、金融危机的影响进一步加剧了毕业生就业的压力。同时，由于大学扩大招生带来的大学生毕业人数激增，使得大学毕业生的宏观就业形势变得比较严峻，整体的就业率不甚理想，也即大学毕业生数量急剧增长与就业岗位增长缓慢之间的矛盾开始凸显。由于产业结构、职业结构等职业环境发生了变化，雇主对大学毕业生提出了新的要求，对大学毕业生的知识、技能、观念也提出了新的要求，这使得高校原有的培养目标与就业市场的需求不匹配，这就要求高校加以调整，以就业能力开发作为人才培养的目标。

外部环境的压力其二来自学生对大学提出的要求、生源数量与结构的变化。家长与孩子在填报志愿时侧重选择理想专业者多于理想大学者，衡量专业好的首要标准是"将来就业容易"。此外，根据教育部的统计，高校的生源将在最近几年持续下降，其表现是全国中小学校数量及在校生总数均持续下降。基于上述判断，中国的很多教学型高校都将面临严峻的挑战，一批高校必将面临生源不足的问题，进而办学资源不足，从而陷入发展困境，甚至倒闭。因此从这一意义上讲，高校必须培养适合社会需求的人才，提升大学生就业能力，促进学生未来的职业发展，从而以高就业的声誉来吸引生源。

外部环境的压力其三来自办学生源、经费的压力。高等教育大众化后，高校的数量迅速增加，使得不同高校在争夺优质生源方面竞争激烈。同时，高校规模迅速扩张，国家财力还不足以支持所有高校的发展，使得部分高校主要靠学生学费作为办学经费的主要来源。因此，生源的规模决定了部分学校办学经费的多少，一旦缺少生源，学校日常的经费来源就会不足，进而使学校的发展陷入困境。

（二）明确的大学生就业能力开发目标

基于外部环境的压力考虑，高校应该制定适切社会需求的大学生就业能力开发目标。目标与战略创新主要表现在为高校的发展提供创新目标导向和资源配置，制订明确的大学生就业能力开发目标，并将其有效地转化为组织整体的创新行动。大学生就业能力开发目标可概括为：确保大学生能够顺利就业，并提升其初次就业的质量；使其具备取得职业进一步发展的专业能力、个人心理特征、职业认知和职业动机；使其成为符合社会需要的具有创新意识、创新思维和创新能力的职业人员。但必须指出的是，大学生就业能力培养目标应具有协调性和层次性。

协调性首先表现在组织内部在纵向和横向之间的协调与一致性，目标需要得到各部门的认同，尤其是教师的认同；其次是培养目标与外界环境的适应性。目标的层次性表现在需要结合不同专业未来职业发展的可能来制定本专业相关的就业能力，尤其是区别于其他专业学生就业能力的专业能力。要从对本专业相关职业的人才能力需求现状出发，制订具有差异性的专业能力框架，根据学生自身特点确定专业能力的培养目标。层次性还表现在学年目标和课程目标的分解上，即应围绕大学生就业能力开发来进行设计，确定学年目标和专业课程所应达到的能力目标。

二、构建适切社会实践发展的课程体系

科学合理的课程体系能够使学生保持对专业学习的热情，使其能力得到提升。没有高水平、高质量的课程体系和课程质量，就不能培养出高素质的人才。课程的结构是知识结构的体现，课程结构在一定程度上就决定了大学生在接受高等教育后可以获得什么样的知识，进而获得什么样的就业能力的基础。学生基本知识、专业知识结构的决定依赖于学校对课程体系的设置，也影响到毕业生的就业能力的高低。提升大学生就业能力需要学校对现有的课程体系重视进行审视，发现存在的问题并加以完善和改进。高校应该根据社会经济发展的需要及人力资源市场的供求状况，使课程体系更科学，更适应人才培养和社会发展的要求。具体包括专业方向课程的调整和深化、跨专业选修课程模块的设立、创业教育课程模块的设立等。

高校应该根据雇主的反馈及经济社会的发展情况以及对专业人才需求的科学预测，及时对专业进行适应性调整和改革，包括设立新的专业，调整现有专业的方向，设立辅修专业和双学位等。上述措施的实施，应从以下两个原则来考虑：一是解决高校人才培养周期与市场需求之间的时滞问题；二是专业设置应该具有一定的引领性。

依据第一个原则，高校应该在专业设置时提前进行专业人才需求的预测，并根据预测结果制订招生计划。根据社会需求进行专业的适度调整，及时调整招生计划，增设辅修专业，通过专业设置口径的拓宽来培养高适应性的人才。专业结构调整应从单纯的以学科为中心转向与社会需求、市场反馈的信息相结合，将优化学科专业结构与国家对不同层次、各类型专业技术人才的需要相结合，将专业结构调整与区域经济发展的差异相结合，重新审视和考虑高校的专业设置。

依据第二个原则，高校应该加强学科建设。学科建设是学校专业建设的基础，学科建设也应与社会的需求相适应，适应不断变化的经济结构产生的新的职业要求。学科建设是高校人才培养的一个必要环节，是提高人才培养质量的基础和保证，也是实现高校引领

社会经济发展的重要途径之一。为了适应社会新的职业需要，提高大学生的就业能力，高校应该做好学科结构调整工作，使学科专业结构不断更新发展，并形成一定的特色学科方向。

课程体系应着重于课程内容的基础性、综合性以及创造性。其中开设专门创业教育的课程是现在一个非常重要的举措，高校应建立一套适合高校实际情况的创业教育的课程体系，让全校学生都可以参加创业教育课程。

三、建立以就业能力开发为导向的培养途径

在制定合理的大学生就业能力开发目标的基础上，需要通过大学生就业能力开发措施的实施来实现目标。大学生就业能力开发措施创新主要表现为明确大学生就业能力开发的方法与手段，包括改善现有教育管理体系、设立鼓励合作的管理机制等。从本书前面内容的分析中可以知道，大学生就业能力开发途径的实施环节主要包括课程结构优化、培养途径创新、师资水平提升、就业服务创新、大学生社会网络成员协同等方面。

培养途径的具体落实措施包括加强职业资格认证的相关培养，将创业教育纳入培养计划，学校积极维护和发展实习、实践基地，对实习加强指导和完善管理，鼓励学生积极参加社会实践活动，与国内外其他高校交流，积极组织社团活动等子项。基于此，高校可以从以下几个方面来实施大学生就业能力的开发。

（一）将职业资格教育引入人才培养环节

中国的职业资格认证逐渐与国际标准接轨，考试更加注重职业人员的创新能力和通用能力。职业人员能力的发展越多元化，在市场上的就业机会就越多，多层次、全方位已成为职业资格认证的发展方向。因此，对大学生进行职业资格认证和鉴定可以为劳动力市场提供真正高素质的后备力量，是开辟通向复合实用型人才的捷径。但是现阶段有些大学生对职业资格认证的信息的认识不全面，存在盲目跟风考证的现象。

高校可以从现有职业认证的实际情况出发，加强对学生职业资格认证考试的指导，使其清晰地认识职业资格证书的作用。高校还应该适时引进职业资格认证培养方式，可以在课程教学中针对某种行业资格证书进行备考指导，融入资格证书考试的内容，如财务管理类课程可以在课堂中教授注册会计师考试的内容。可以加强对大学生职业资格证书考试的指导，借助社会机构来共同完成，让专业机构参与到大学生职业化教育和培训当中，与目前的校园学术教育形成良好的互动。另外，企业利用社会培训机构来完成大学人才的招聘是较好的省钱省力的办法。

(二)创建创业教育的有效途径

创业教育简言之是培养创业型人才的教育,高校是创业教育的主体。高校由于其办学特点和学科专长不同,创业教育模式各具特色,各有侧重。高校创业教育不仅要关注如何进行创业教育,也需要关注学生的需求。高校创业教育并无统一、权威的最佳模式。美国高校创业教育组织模式主要分为两类:聚集模式和全校性创业教育模式。这些模式为美国高校开展创业教育提供了组织保证,也值得中国高校学习借鉴。当前中国高校大多是以成立创业教育研究中心,开展创业研究为主,也有将创业教育职能放在经济院系或管理院系的。通过对中国高校开展创业教育的实践进行分析,本书发现高校创业教育形成了科技孵化模式、师生一体模式和分化拓展模式。这三种模式并非界限分明,而是交叉互补,相互渗透。因此,高校要根据自己的特色确定自己的创业教育模式,构建创业教育机制,开展对学生的创业教育。高校内部的创业教育机制的建设首先应该设立创业教育的目标,然后实施,包括创新创业教育的课程设置,进行创业教育的实践教育,对创业教育机制进行定期的评价等。

(三)积极发展实习实践基地

完善实践教学的管理与指导,鼓励学生积极参加社会实践活动。加强实习实践基地建设是培养学生职业素养和实践能力的重要途径之一。企业、政府部门等无疑是培养大学生实践能力最好的平台,所以学校应该着重同相关企业、政府部门建立长期合作关系,把相关的企业、政府部门作为稳定的实践教育基地。实践教育也可以在校园内进行,包括强化校内实践教学,建设校内实践基地等。

在发展实践基地的基础上,高校应该完善实践教学的管理和指导机制。高校应该从学校和院系两层组织来同时实施,学校为实践教育提供制度保障,而院系可以成为管理和指导学生实践教育的主体。因为不同专业的学生,其实践教育的内容和方式是存在差异的,很难由学校统一来制订实践教育的内容和加以个性化的指导,而院系能够实现这一点。院系首先应该根据大学生就业能力开发的目标,制定合理的实践教学方案。高校在进行实践教学方案设计时,应该根据本校的就业能力开发目标,来设计实践教育的内容、实践教育的实施方式、实践教育的评价机制等,以提升实践教育质量。此外,实践教育还可以通过鼓励学生参加各项课外科技活动和专业技能竞赛来实现。

(四)加强与国内外其他高校的交流

当今国际化已经在社会、经济、文化等各个领域成为现实。培养具有国际化视野、跨文化理解力的大学毕业生已成为高校的培养目标之一。从组织理论的角度看，组织的外部环境也包括与其竞争或合作的各类组织。因此，高校应该加强与其他高校的交流，尤其是与国外高校的交流，与国内外同类和不同类别的高校建立伙伴关系，加强学生之间的交流和互访，提高学生的国际化视野和跨文化理解力等。

（五）积极鼓励学生参加社团活动

通过参加社团活动可以让学生在真实的环境中学习与人相处的能力、组织领导能力等，这也是一种情境教育方式。从现在校园文化的发展现状看，随着学分制、学生自主选课制的实施，班级文化在淡化，而学生社团成为学生交流的重要平台。学生社团其实是给学生提供了一种真实的情境，人际交往能力、表达和倾听能力、团队合作能力、创新意识等就业能力的构成要素都可能在参与社团的过程中得到培养。社团的形式可以多样化，如设置一些专业协会、学生会、团委等，它们对培养学生的各种能力具有重要的作用。高校应该从领导、组织、制度、资金等方面加强对大学生社团活动的指导与支持，规范学生社团的管理。

四、建立大学生就业能力评价反馈平台

高校通过推进评价方式创新来实施大学生就业能力开发，应该建立就业能力开发结果评估的反馈制度，这一制度对就业能力开发结果起着控制与反馈作用。《国家中长期教育改革和发展规划纲要（2010—2020年）》指出，把提高质量作为教育改革发展的核心任务，把适应社会需要作为衡量教育质量的根本标准，建立以提高教育质量为导向的管理制度和工作机制。中国近40年的经济高速增长，职业和能力需求变化的速度已属世界最快的行列之一，高校需要跟踪社会对大学毕业生需求的变化来对高校毕业生就业能力进行评价和反馈，为高校调整大学生就业能力开发机制提供科学依据。大学生就业能力开发的各项措施在目标子系统的指引下，通过各种具体实施措施来进行大学生的就业能力开发，这些措施是否达到了就业能力开发机制预先设定的目标，需要对其进行衡量和评价。大学生就业能力开发的设定目标是否符合社会经济发展现状，是否符合雇主的需求，也需要进行验证。为保证目标符合社会提出的需求，措施能够使结果达到既定的目标，需要构建就业能力开发结果评估反馈平台。

大学生就业能力开发是一个循序渐进、不断发展和完善的过程，这一过程和工程控制论的闭环调节系统是类似的。工程控制论是关于工程系统分析、设计和运行的理论，该理论比较强调自动控制系统中的信息反馈机制。这种反馈机制主要反馈工程进展的状态

变化以及目标的实现程度，以期不断缩减工程的目标执行结果和预先设定目标值之间的误差。

大学生就业能力开发的控制与反馈子系统的功能是通过对用人单位和毕业生的跟踪调查、搜集雇主和毕业生对学校的大学生就业能力开发目标、开发措施等的评价信息及要求和毕业生经过工作实践后，对学校的目标设置、专业设置、课程设置、培养途径、师资水平、与雇主的互动机制和职业指导等的体会感受，为高校做出大学生就业能力开发的决策提供依据。这个子系统应该是既有外界的社会评价，又有毕业生的切身内在体会，从学校系统外，对学校的大学生就业能力开发进行评价。

对大学生就业能力的反馈首先来自雇主。高校应该建立就业能力追踪调查制度，通过走访雇主、问卷调查、座谈等形式了解雇主对毕业生工作表现的评价，收集雇主对学生就业能力的反馈意见。这一措施可以在与雇主建立双向互动平台的同时进行，所以在这里不再赘述。

此外，高校也应建立毕业校友就业能力培养反馈平台，通过对毕业校友的追踪调查，获取毕业校友对高校大学生就业能力开发的反馈意见。高校可以通过专业的分析系统对毕业校友的职业发展状态进行长期的跟踪、考察和分析，以期获得毕业校友职业发展的有效信息，并反馈给高校的大学生就业能力开发路径负责人，进而改进大学生就业能力开发的目标和各项具体措施。

五、实施全过程的职业指导

高校不仅应该指导学生学术的发展，也应该对其终身职业的发展承担起指导责任。职业指导在以往的文献中也称为职业教育，主要是关注学生如何对自己的职业生涯作出决策和执行决策。职业指导可以通过开设专门的课程模块在培养计划中进行，也可以在培养计划外进行。高校职业指导工作应该实行校、院系两级管理体制，重视职业规划能力的培养、就业服务的管理与指导等工作，在院系设置专职的职业发展指导人员，改变现有的职业指导工作都由学校就业指导中心（或者学工委）全权负责的模式。职业指导应该是全面的，有专职的教师参与。

高校的职业指导工作还应是全程式的指导，即在大学不同阶段实施不同内容的全过程指导。根据职业选择和职业发展理论，职业生涯规划教育应是一个连续的过程，其指导过程从学生进入大学就开始，持续进行至毕业生初次就业为止；同时职业生涯规划教育也应该分阶段实施，可以将大学阶段的职业规划教育分为职业兴趣的探索阶段、职业意向的初步定向阶段、职业意向的初步试行阶段和职业意向的基本稳定阶段。职业意向的确定是一个需要不断调整的过程，因为学生的职业兴趣、职业意向可能会随着其学习阶段的深入而有所变化，包括通过专业知识学习阶段的深入、实习阶段的深入，学生都有可能调整其职业意向，职业意向是在大学学习期间逐步确定的。基于上述分析，结合国内外大学生职业生涯规划教育的实践，大学生职业生涯规划教育可以将大一和大二阶段作为学生的职业兴趣探索阶段。这一阶段的教育内容主要是使大学生适应大学生活，唤起其职业意识；将大二和大三阶段作为学生的职业意向初步定向阶段，主要的教育内容应包括使学生进行职业意向的探索、制订初步的职业目标、考虑专业方向的发展；将大三和大四阶段作为学生职业意向的初步试行阶段，这一阶段的主要任务是指导学生进行专业实习，使其对自己的职业意向做出初步的判断，判断其是否感兴趣；将大四到初次就业为止的这一阶段作为其职业意向的基本稳定阶段，此阶段的主要教育内容是帮助学生了解就业信息，为其提供应聘技巧的指导等。

高校大学生职业指导还包括就业信息的提供和就业过程的服务。这一工作也是一个系统性的工作，需要学校和院系的协调配合。学校可以通过召开大型的职业招聘会、开办全校性职业信息专题讲座、提供职业选择的咨询服务等措施来实施。其中，职业选择的咨询服务是指可以设立专门的学校职业指导中心，或者聘请校外的职业咨询机构来对学生做专门的职业倾向测试，通过心理量表来测量学生的职业意向。

六、构建与雇主全面合作的互动平台

大学生具备的就业能力如何、是否达到了社会的需求水平，验证的标准主要来自雇主和社会的反馈评价。高校应该积极发展与各种企业的战略联盟关系，因为企业是高校组织发展外部环境中最主要的利益相关者之一。组织最基础的需要（也就是生存与安全需要）必须在该组织移向战略合作需要（也就是自我实现的需要）前得到满足。此模型将合作模式分为两类，即传统合作模式和全面合作模式。

传统合作的模式与路径选择包括三个阶段，即双方的合作停留在意识阶段、简单的涉及和参与阶段、较深程度的支持合作阶段。在第一阶段，双方的合作只停留在必需的合作方面，企业只在需要招聘员工时与高校发生关系，主要通过职业招聘会和面试等形式招聘大学毕业生来实现合作，此阶段不存在双方主动的合作。在第二阶段，双方在学生培养上开始合作，主要是通过与产业界合作，在大学建立产业界的咨询委员会、产业界对大学的研究进行赞助、在学生实习上提供便利等方式来实现，但这些合作都不是建立在战略合作基础上的，因此在该阶段产业界对产学合作的关系还不主动积极。在第三阶段，企业与大学的合作程度进一步加深，产业界开始成为培养学生的顾问、为大学提供硬件赞助、参与课程体系的设计和讨论，产业界的相关人员成为大学的客座教授、支持学生团队的活动等，但此阶段还需要大学积极地维护合作关系。

全面合作模式包括两个阶段，即产业界成为与大学合作的主动参与者和双方成为战略合作者。在全面合作模式的第一阶段，产业界积极地与大学进行合作，主要通过赞助有风险的大学创新计划、积极支持整个本科生培养计划、提供稳定的奖学金计划（包括教师基金）、提供合作研究的机会等途径来实现。全面合作模式的第二阶段是合作的最高阶段，即双方成为战略合作者，此时双方的合作都是基于战略考虑的，合作须是自发和主动积极的，主要通过产业界成为大学主要赞助者并积极执行赞助，企业和大学联合办学等途径实现。从以上两类合作模式可以看出，产业界和大学之间的合作类似一个连续体。

行动可以在传统的合作阶段，即意识阶段、参与阶段和支持阶段发生次序颠倒，但战略合作者阶段不能在没有传统参与阶段获得保证前取得成功。基于与大学合作的实践经验表明，产业界与大学需要用五年的时间达到战略合作者的阶段。大多数的企业和大学的合作还都处于典型的传统合作阶段。

大学能够通过改变管理体制与运行机制来促进与产业界的长期合作，建立互动机制，具体可以通过两个方面来实现。一是大学应该成立专门的机构或从现有机构中委派专人负责与产业界的协商与谈判。为了能使产学合作更有效，大学应该设立相应的专业工作人员（包括谈判代表），这些工作人员必须了解和清楚产学合作的重要性及相关的政策。专业的产学合作工作人员是参与产学合作的设计、执行和谈判最多的人。但从现有的大学体制看，很少有这样的专业人员，即使有这样的专业人员，他们也很少有谈判取得成功使产学合作顺利建立和发展的完善的知识基础。一个成功的和有较多成果的合作不只是填写表格和依据模版办事，它需要专业人员的设计和系统的安排。此类专业人员学校可以通过全面的培训来培养，培训可以依托专业协会或社会团体。大学应该拨出一笔专项基金来支持和鼓励此类专业人员参与相关的培训。尽管从短期看这是一笔支出，但从中国高等教育的发展和大学生就业的现状来看，增强与大学生未来雇主的合作是非常必要和重要的。二是大学应该建立详细的与产业界合作的相关机制，建立说明产学合作的贡献与需求、大学与产业界合作的详细协议框架。大学和产业界的详细合作框架的制订，能够提高发起合作协议并成功协商的概率，这需要通过创建一个合作机制来实现。该机制决定了由各方取得的成果的数量和性质，应怎样使得双方对合作的成果有合理的权利。这样的机制将为双方达成相互理解提供基础，可以满足两个参与机构的使命和其优先考虑的事，让双方所得权利与其全部的投入和对雇主作为高校就业能力开发的最重要利益相关者，是人才的需求者，是就业能力需求信息的提供者和评价者，也是就业能力形成的主要开发者，因此高校需要和雇主建立稳定的强关联的协同网络。高校与雇主之间既存在资源互补的关系，又存在组织目标不一致的问题，高校与雇主协同开发运行机制的构建成功与否，与双方利益能否最大化、资源、制度、体制等众多因素相关。因此，高校与雇主的合作应该由浅入深、由点及面。高校与雇主合作首先可以从招聘会开始，雇主在需要招聘员工时与高校建立关系，通过职业招聘会和面试等招聘毕业生的方式来实现协同。此阶段雇主与高校的协同程度不高，高校教师、学生可以从招聘会、面试中获取就业的需求信息。经过招聘会和面试，高校与雇主之间的信息交流加强，双方在学生培养上可以开始合作，加强协同程度。这可以通过高校与雇主合作在高校建立产业界的咨询委员会，雇主与高校教师的产学研合作，雇主为高校提供稳定的实习、实践基地来协同。随着合作的进一步加强，高校可以聘请雇主成为培养学生的顾问、参与课程体系的设计和讨论、聘请雇主中的相关专业人员成为大学的客座教授等。

七、构建与学生父母和毕业生的协同平台

高校与毕业校友之间存在着协同的基础，毕业校友来自高校，与高校有着天然的情感联系，同时毕业校友又是雇主或雇主的重要代表，因此，毕业校友可以作为媒介来拓展高校与雇主的联系，也可以作为雇主的角色来为高校提供就业能力需求信息，参与就业能力的开发和评价。高校需要和毕业校友建立稳定的强关联合作网络，高校与毕业校友的协同可通过以下几种形式来进行：一是通过建立校友会，让毕业校友推荐雇主与高校合作，使毕业校友担任中介人的角色。已有研究表明，通过双方都熟知的中介人联系形成的合作容易达成且较为持久；二是可以通过毕业校友讲座、毕业校友开设课程、参与人才培养计划制订等形式使毕业校友参与就业能力开发；三是由于毕业校友的分散性，需要高校利用互联网技术构建毕业生对就业能力开发的反馈、评价平台。

学生父母与高校通过学生联系在一起，通过学生这一中介，高校与学生父母在大学生就业能力开发方面有着相同的目标，高校与学生父母有了协同的基础。但随着学生毕业，与高校有协同基础和共同目标的学生父母会发生变动，因此需要高校与学生父母之间构建动态的弱关联的协同网络。从现实情况分析，学生父母对高校在校生的就业认知影响较大，同时学生父母也是雇主的重要代表。高校与学生父母的协同运行机制包括产学合作中介，学生父母讲座等，同时由于学生父母分布的分散性，高校需要通过互联网平台构建家校联系平台来实现就业能力开发的信息沟通机制。

第七章

当代大学生就业能力提升路径

第一节 发挥大学生主体作用

一、增强主体自觉性

主体自觉性是人的主体性的重要特征，也是人的特性。所谓主体自觉性是指主体自觉自愿地执行或自主自愿地追求整体长远目标任务的程度。在就业能力的提升中，大学生是当之无愧的主角，是主体，理应承认大学生主体地位，发挥大学生主体作用，增强主体自觉性。主体自觉性包括思想自觉和行动自觉两个方面。古人云："知者行之始，行者知之成"。在提升就业能力方面，大学生应充分认识其重要性，从思想自觉和行动自觉两个方面做起，以思想自觉为基础，用思想自觉引领行动自觉，力争取得好的成效。

（一）思想自觉

增强主体自觉性首先应从思想自觉开始。所谓思想自觉是指从思想上认识到事物的重要性，从思想上对事情引起重视，进而成为一种自觉。"思想是本，行动是形，本正则形立，思想通则万事通"。思想是行动的指南，一切事情的开展一定是从思想开始，以思想为起点。正如马克思所说的："人是由思想和行动构成的，不见诸行动的思想，只不过是人的影子；不受思想指导和推崇的行动，只不过是行尸走肉——没有灵魂的躯体。"可见思想和思想自觉极其重要。从提升大学生就业能力来说，增强思想自觉性应首先认识到提升就业能力的重要性。就业能力是一个人发展的关键，关系着个人的事业发展和幸福生活。大学生应从思想上认识到提升就业能力的重要性，认识到提升就业能力的紧迫性，认识到提升就业能力不仅事关个人发展，还关系到企业的发展和社会的进步。没有较强的就业能力将不能很好地就业，也不能持续地就业，甚至可能不能就业；大学生就业能力强不强，将深刻地影响着社会发展和进步。只有从思想上认识到提升就业能力的重要性，大学生才能对此引起重视，进而激发自身内在动力，增强自觉能动性，着力提升自身就业能力。增强思想自觉性还应增强提升就业能力的决心。提升就业能力是一个长期的过程，不可能一蹴而就；提升就业能力是一个曲折的过程，不可能一劳永逸；需要每个大学生长期持久地去做，需要他们克服种种困难去做。尽管提升就业能力任重道远、困难重重，但是必须去实践。世上无难事只怕有心人，只要大学生肯付出时间和努力，就一定可以实现。因此，每个大学生只要增强提升就业能力的决心和信心，并脚踏实地地学习目标就一定能够得以实现。

（二）行动自觉

增强主体自觉性还应以思想自觉引领行动自觉。俗话说"知易行难"，提升就业能力光有思想自觉还不够，还应用思想自觉去引领行动自觉。行动自觉的要义在于自己有所认识而主动去做一件事。思想是行动的先导核动力，以思想自觉引领行动自觉提升大学生就业能力，就是要求大学生勇于实践。实践是人们能动地改造和探索现实世界一切客观物质的社会性活动，是社会发展的普遍基础和动力。"实践出真知"，光有思想，没有行动和实践是不行的，万事只有行动和实践了，只有勇敢地去尝试了，才能有所收获。大学生提升就业能力也是如此，大学生们应积极行动，大胆尝试，围绕就业能力众多要素，一一训练和践行，才能有所收获。反之，如果只有想法而不去做，只可能纸上谈兵，成为思想上的巨人和行动的矮子。以思想自觉引领行动自觉提升大学生就业能力，就是要求大学生从小事做起，先易后难。提升大学生就业能力并非一件易事，也不是一件简单的事，而是异常艰难的事，是一个系统工程。因此，大学生在提升就业能力时可以由易到难，由简到繁，由浅入深，循序渐进；而不是囫囵吞枣，一口吃出个胖子。以思想自觉引领行动自觉提升大学生就业能力，就是要求大学生持之以恒地去践行。提升就业能力是一项长期工程，期间必定会碰到艰难险阻，也会经常遇到困难和挫折，还会有种种失落和失意。大学生们不能在遇到困难和挫折时轻言放弃，而要持之以恒地去践行，方能有所收获和回报。

二、加强知识和技能学习

知识和技能是构成就业能力的重要因素，是影响就业能力提升的重要因素，是大学生提升就业能力的基础。大学生加强知识和技能学习实质上要求掌握好知识，利于个人职业发展的相关技能。

（一）知识学习

知识学习即知识掌握，它是指知识传递系统中个人对知识的接受和占有。从大学生提升就业能力层面而言，知识的学习既包括对专业理论知识和通识性知识等两类知识的学习和掌握，又包括对知识的领会、知识的巩固和知识的应用等三个环节。从知识分类来讲，大学所学知识可以分为专业理论知识和通识性知识两类。其中，专业理论知识是从事专业工作的必备知识，是求职就业过程中用人单位最在意的知识。毫不夸张地说，专业理论知识是大学生求职的根本，也是今后立业的饭碗，同时也是大学生在学校期间花费大量时间和精力用来学习的知识。正是基于此，大学生要想提升就业能力，必须学好专业理论知识。只有学好了专业理论知识，才能为今后的工作打下坚实的基础。不难想象，一个大学生专业理论知识学习和掌握得不扎实，便难以胜任未来的工作岗位，更谈不上有好的职业发展。通识性知识是相对于专业理论知识而言的，是指非专业、非职业性的知识，是涉及专业之外的一些有益的知识。个人发展离不开精通的专业理论知识，更加离不开广博的通识性知识。广博的通识性知识是培养和健全大学生人格，拓展眼界和视野，开拓思想和思维的重要内容。体育、艺术、文化、历史、政治等是通识性知识的重要方面，大学生通过广泛涉猎这些知识，可以弥补专业理论知识的缺陷，起到提升素质和实现大学生自由而全面发展的作用，是提升就业能力知识学习的重要补充。

从知识学习过程来讲，学习知识包括对知识的领会、知识的巩固和知识的应用等三个环节。知识领会是指了解传输知识的含义，懂得标志的事物的情形、性质，对事物获得间接认知的过程。知识领会是知识学习和掌握的首要阶段，是信息输入和加工的阶段，如果缺乏领会则根本不能掌握知识；如果领会的水平较低或不够全面，或是有错误，则这种知识就难以应用。知识巩固指对已领会知识的持久记忆，由识记、保持、再认与重现组成。知识巩固是人获得新知识、积累知识经验的重要方法，它是以知识领会为基础，主要通过人的记忆得以实现。知识应用是指依据已有知识去解决有关问题，由审题、联想、解析及课题的类化等彼此相联系的智力活动来完成。人通过知识的应用，用于检验对所学知识掌握的程度，深化对知识的理解和巩固，培养自身分析问题、解决问题的能力，进而调动自身学习的自觉性和积极性。知识的领会、知识的巩固和知识的应用是知识学习循序渐进的过程,也是从易到难的过程,缺一不可。大学生对知识的学习也应遵循这一过程,首先应认真领会知识,理解其真实含义;随后通过多次记忆,在头脑中将领会的知识不断加以巩固,继而主动在实际生活中运用所学知识去解决现实中的困难和难题,从而充分应用这类知识,以便得到进一步的检验、充实和理解。

(二)技能提升

技能是构成就业能力的重要因素,也是影响大学生就业能力提升的重要因素。对技能的掌握一般包括两个方面的内容:一方面是对技能内容的掌握,一般包含对基本技能(如听、读、写等)、一般性技能(如解决问题能力、团队协作能力等)和职业性技能(如教师的技能、律师的技能等)的掌握;另一方面是掌握技能的方法,即首先掌握一项技能的基础知识,在基础知识熟练的情况下开始践行,在践行中积累经验和教训,继而用经验和教训进一步思考技能的深层次掌握。

对技能内容的掌握首先在于培养自身听说读写等方面的能力。听说读写等方面的能力是一个人掌握语言的基本技能,也是认识世界的基本技能,更是人之所以为人所必备基本的技能,既可以帮助大学生与人交往、向人学习,又可以帮助大学生感知世界、认识世界,加深对世界和社会的认知。对技能内容的掌握其次在于有意识地培养分析问题、解决问题、团队协作等方面的能力。这些技能是人在社会活动和社会实践中必须具备的一般技能,可以使其正确地认识世界和改造世界。当然一般技能还应包括观察力、记忆力、想象力、思维力、注意力等人类生存和发展必备的一般技能。对技能内容的掌握还在于有意识地培养职业技能。职业技能是大学生将来就业所需的技术和能力,大学生是否熟练掌握职业技能是保障其顺利就业、保持就业以及在未来职业生涯中取得成功的重要基础和途径。因此,大学生在做好职业规划,确定职业类别后,应有意识地培养和训练职业技能,以便更好地融入职业中,助力未来职业发展。比如,立志从事教育工作的应掌握教师技能、立志做律师的应熟练掌握律师技能、立志走上管理岗位的应掌握管理技能等。从掌握技能所需的方法层面来说,技能的掌握和知识掌握有其共同的地方。具体而言,首先,大学生应熟练掌握和理解关于技能的基础知识,在理解的基础上通过反复记忆达到对技能的巩固;其次,在实际工作中,需要不断地练习和实践。通过练习和实践加深对技能的掌握和理解,并在练习和实践过程中不断积累经验和教训;最后,用经验和教训来检验自身掌握的程度,达到对技能的彻底掌握。

三、端正人生态度

人生态度是人们通过生活实践形成的人生问题的一种稳定的心理倾向和基本意愿，是人们对社会生活所持的总体意向，是人们对待人生的心态和态度。人生态度是人生观的主要内容，也是一个人的人生表现和反映，人生态度决定了人生观，积极的人生态度一定会产生积极的人生观，反之亦然。不难想象，如果一个人有着积极向上的人生态度，他们一定会在人生中保持积极进取、乐观向上的精神状态，对生活充满着希望和激情，充实地过好每一天，最终会过上幸福的人生；如果一个人只有消极悲观的人生态度，对什么事抱着无所谓的态度，当一天和尚撞一天钟，必然会心灰意冷地对待自己的生活，最终只会拥有碌碌无为、消极沉沦的人生。大学生端正人生态度是学习、生活和工作的基础，是提升就业能力的重要动力。

大学生端正人生态度首先要弄清楚什么是正确的人生态度。有理想信念、认真务实和乐观进取是大学生正确人生态度的主要内容。

（一）理想信念

理想信念是大学生正确人生态度的重要内容。理想和信念合称理想信念，理想是人们在实践中形成的、有实现可能性的、对未来社会和自身发展目标的向往和追求，是世界观、人生观和价值观在奋斗目标上的集中体现。信念是人们在一定的认识基础上确立的对某种思想或事物坚信不疑并身体力行的精神状态。理想信念是人的精神世界的核心，是人精神上的"钙"。理想信念不坚定，没有理想信念，精神上必定会缺"钙"，就会得"软骨病"。理想信念能够指引人生的奋斗目标，提供人生前进动力，提高人生精神境界。大学生树立正确的人生态度，首先得有崇高的理想信念，确立马克思主义信仰、胸怀共产主义的远大理想、践行中国特色社会主义共同理想、助力实现中国梦是大学生应具有的崇高的理想信念。大学生具有了这些崇高的理想信念可以引导大学生做什么样的人，指引大学生走什么样的路，指导大学生怎么学。

（二）认真务实

认真务实是大学生正确人生态度的关键内容。认真务实是一种积极的人生态度，它告诉我们应认认真真、脚踏实地、实事求是地对待生活，不能马马虎虎、敷衍了事。对大学生而言，认真的人生态度包括应有明确的人生目标，面对目标积极认真地面对，不能得过且过，游戏人生，努力实现自身价值；还包括不仅要对自己负责，还要对他人负责，对集体、社会、国家负责，做一个负责任的人、有益于国家和社会的人；还应以认真的态度，过好人生的每一天，尽好自己的每一份责，才不会虚度人生，才会不断让人生精彩。务实的人生态度其实是告诉我们不能好高骛远、眼高手低、浅尝辄止，要结合自身实际情况，从自身条件出发，正确地看待自身和人生，务实地对待人生，踏实务实地做好每一件事；当然，还要从身边做起，从小事做起，一步一个脚印脚踏实地地实现自己的人生目标。

（三）乐观进取

乐观进取是大学生正确人生态度的核心内容。乐观进取是指乐观向上、积极进取、对人生充满自信、力争有所作为，是人们克服困难和挫折的心理基础。乐观进取的人生态度使人充满朝气、充满活力、充满进取，是大学生成功的催化剂。人生丰富多彩，但并非一帆风顺，大学生处于人生特定的成长阶段，或多或少会面对学习、就业、恋爱等方面的困难与挫折。面对这些挫折应始终保持乐观向上的人生态度，积极面对它们，想办法去克服，而不能被困难和挫折打倒；人生是一场长跑，也是一个创造的过程，大学生应持之以恒，不能贪图安逸；应积极进取，不能满足现状、因循守旧，不断丰富自己人生的意义；大学生还要始终保持蓬勃朝气，发扬自强不息的精神，在创新创造中不断书写人生的新篇章。

有理想信念、认真务实和乐观进取的人生态度不是与生俱来的，也不是天然形成的，而是需要掌握正确的方法，长期养成的。勤学习、不怕苦、肯实干是大学生端正人生态度的正确方法。

四、强化个人道德修养

（一）强化大学生自我道德修养的意义

德行作为影响大学生就业能力构成最为重要的要素，极大地影响着就业能力的提升。德行的习得离不开环境的影响，离不开他人的教育，但更主要在于个人习得，也就是传统意义的自我道德修养。道德修养是一种道德实践活动，是个人根据现行的道德原则和道德规范自觉地锤炼自己、改造自己，不断提升提高自身精神境界的长期过程。道德修养是一个自我内化的过程，主要依靠个人自身的道德信念，经过长期道德学习、磨炼、陶冶和自我道德完善的过程。大学生是国家的希望，民族的未来，是实现中华民族伟大复兴的中国梦的重要力量。可见，大学生强化自我道德修养，对大学生自身和社会发展都具有重要的现实意义。

强化大学生自我道德修养对社会发展意义重大。一方面在于大学生作为生产主力军，其道德品质是社会道德的基石，只有社会中的每个成员的自我道德素质得到提高，整个社会的道德水平才能提高，社会才能更好地发展；另一方面在于大学生道德品质影响着整个社会的道德水平，大学生作为接受高等教育的群体，其道德品质代表着国家未来道德水平的高低。因此，大学生应强化自我道德修养，通过自身道德行为来感染和影响周围的人，进而影响一个个的个体，最终推动社会道德水平的进一步提升，为社会精神文明建设贡献力量，为社会主义现代化建设和富强、民主、文明、和谐、美丽的国家建设贡献力量。对每一个大学生而言，强化自我道德修养意义重大。道德品质直接影响着大学生的一言一行，一个人只有具备崇高的道德理想信念、合理的道德观念及较强的道德判断、选择能力和自律能力，才能履行应尽的道德义务。道德品质高尚、有道德修养的人，他们的行为一定是积极向上、乐于助人的。反之，道德品质败坏、没有道德的人，一定会见利忘义、损人利己。因此，大学生只有自觉地强化自我道德修养，不断提升自身道德水平，提高自身道德品质，个人才能沿着正确道路不断前进和奋斗，在个人职业生涯中取得成功。

（二）强化大学生自我道德修养的内容

大学生道德修养的内容很多，其中关键在于大学生能否做到明大德、守公德、严私德。具体而言，明大德就是要讲大道理、讲方向、讲根本。大学生明大德就是要增强"四个意识"、坚定"四个自信"、做到"两个维护"，始终做到对党忠诚，听党话，跟党走。公德就是公众之德、公权之德和工作之德。守公德是人们维系相互关系的纽带以及安身立命的根基。大学生守公德就是要自觉遵守社会公德和职业道德，秉承全心全意为人民服务的精神积极投身到社会发展和国家大学生就业能力提升经济建设中去。私德是指家庭美德和个人品德，是个人的基本操守。严私德对大学生而言就是要严格约束自己的操守和行为，坚持从小事小节上加强修养，从一点一滴中完善自己，努力提升自身的道德品质。

道德修养作为一种学习和实践融为一体的活动，需要有正确的方法。学思并重、慎独自律和知行合一是大学生加强自我道德修养的重要方法。

1. 学思并重

学思并重是指学习和思考要同时兼备，同等看待。"学而不思则罔，思而不学则殆。"学和思相辅相成，相互依存。学是思的前提，只有在学习基本知识后，再加上自己的思考，才能形成自己的看法；思是学的补充，通过思考，可以更加深刻地去学习，使得对事物的认识更加全面。大学生强化自身道德修养，学思并重是一种非常重要的方法。大学生通过对道德知识、修养内容、方法、要求及原则的学和思，不断提高自身道德认识水平和道德判断能力，主动将外在道德规范要求内化为自身的道德信念和追求，最后形成良好的道德品质。向模范榜样学习也是学和思重要内容。"三人行，必有我师焉"，榜样的力量是无穷的，先进道德典型的优良品质和榜样的示范具有极大的感召力和感染力。大学生要以道德品质高尚的人作为自己的学习榜样，见贤思齐、积极仿效，循序渐进、从小事做起，从而塑造自己优良的道德品质。

2. 慎独自律

慎是小心谨慎，随时戒备；独是独行，独自行事；自律是指在没有人现场监督的情况下，通过自己要求自己，自觉遵守法度，并用它约束自己的一言一行。道德修养的慎独自律是指在个人独处、无人监督的情况下，也能坚守道德信念，对自己的言行负责，自觉地按照一定的道德规范行动，不做不道德的事。具体而言，大学生慎独自律就是要在隐、微和终上下功夫。"勿以善小而不为，勿以恶小而为之"，细微隐蔽之处方能见真功夫，最隐蔽的东西和微小的地方更能显示一个人的品质；"慎终如始，则无败事"，做事谨慎小心，坚持始终如一，才不致功败垂成。所以，大学生在道德修养过程中，应始终坚守自己的道德信念，对自己的言行小心翼翼，坚持始终如一，特别是在别人看不到、听不见、管不着的地方自觉按照道德规范形式，不做任何不道德的事，始终做到独善其身。

3. 知行合一

知是道德认识、道德认知，行是道德行为、道德实践。道德修养的知行合一就是既要提高对道德的认知和认识，也要践行道德实践。道德修养的特点决定了道德修养的过程是一个知行合一的过程，道德修养要坚持理论与实践相结合，知行统一，不能闭门造车。如果大学生只有道德知识而不重视道德实践，一定不能成为一个道德品质高尚的人；同样，大学生只重视道德实践而缺乏道德知识作指导，也一定不能成为一个道德品质高尚的人。知行合一贵在知与行的统一。道德行为是一种自觉、自知的行为，也是一种理智的行为，而理智的行为必须是以正确的道德认知为前提的。道德修养中的知与行，在道德行为实践的基础得到了统一。因此，大学生在进行道德修养时候，既不能只注重道德认知，也不能只注重道德实践，既不能道德认知多一些，也不能道德实践多一些，而应该将知和行统一起来，把正确的道德认知转化为道德实践，并在实践中升华自己的道德认知，做到知行合一。

第二节　发挥高校主导作用

人才培养是高校重要职责之一，大学生就业能力培养是高校人才培养的重要内容，是培养时代新人不可或缺的内容。高校在培养大学生就业能力中扮演着重要的角色，发挥着主导作用。大学生就业能力培养是人才培养的重要一环，如何抓好这项工作，是学校工作未来的立足点。

一、完善保障机制

保障机制是为管理活动提供物质和精神条件的机制。大学生就业能力培养是一个长期的过程，更是一项复杂的工作，不是一个部门、一个单位短时间内可以完成，需要成立工作机构，发挥广大力量作用，开创齐抓共管而成的局面；需要建立长效机制、整合各方资源、在人财务场地等方面提供支持。

（一）齐抓共管

齐抓共管是开展工作的一种常见方法，通过将具有不同职能但又与工作相关的不同部门组织起来，充分发挥各自作用，团结协作，层层负责，共同抓好一项工作的过程。齐抓共管避免了单兵作战和各自负责职能的分割，将大家组成一个共同体，发挥团队协作作用。大学生就业能力培养是一项系统工程，不仅从思想教育抓起，还得从教学活动等方面抓；不仅是组织、宣传、学工等党务部门的事情，更是教务等管理部门事情；不仅是少数人的专职工作，还是大多数教师的兼职工作。正因如此，培养大学生就业能力需要管理、党群、后勤等众多部门参与其中，需要多部门团结协作，齐抓共管，形成合力。学校应形成由党委统一领导，宣传、学工、教务、后勤等多个部门通力合作的工作体系，需要形成学校、学院、班级三级工作体制。具体而言，由学校和有关部门领导组成的大学生就业能力提升领导小组，在相关职能部门职责中增加相关内容，学院成立具体工作小组，三级衔接机构各司其职，上下协调，齐抓共管，形成合力，为大学生提升就业能力保驾护航，提供重要的保障。在此基础上，加强对大学生就业能力培养的领导，每年不定期研究相关工作，制定全校大学生就业能力培养宏观政策，解决现实中存在的困难和问题，统筹安排各项活动和教育教学；建立严格的工作责任制度，明确工作职责和任务，细化宏观政策抓落实，一级抓一级，层层负责，大家一起抓一起管，而不是互相推诿不负责。

（二）整合资源

资源是一个国家、一个地区和一个组织内拥有的物力、财力、人力等各种物质要素的总称，是经济建设和社会发展的基础。整合资源是指组织对不同来源、不同层次、不同结构、不同内容的资源进行识别与选择、汲取与配置、激活和有机融合，使其具有较强的柔性、条理性、系统性和价值性，并创造出新的资源的一个复杂的动态过程。整合资源其实质是优化配置，是一个组织通过组织协调，将内部彼此相关但彼此分离的职能，把外部参与其中又具有独立利益的合作伙伴整合在一起，发挥"1+1＞2"的效果。大学生就业能力培养是一项系统工程，需要多部门合作，更需要大量的资源投入。因此，不仅需要将部门整合，还需要将现有资源进行合理整合，以便发挥合力作用。高校培养大学生就业能力需要整合学校内部资源。人力资源是学校内部资源的重要内容，学校需要整合各部门人员，具体分工，不同人员负责不同事宜，大家分工协作共同致力于大学生就业能力培养；大学生就业能力培养需要大量的财力，需要向各方争取财力支持，加大资金投入，助力就业能力提升；大学生就业能力培养需要大量的场所，学校应加快教学设施、生活设施、娱乐设施的建设，改善研究生的学习、工作、生活条件。除此之外，学校还应整合资源，加大软环境投入和治理。比如，加速学校软环境建设，提升校园文化品位，聚集校园文化力；结合学生自身特点开展学术论坛、专题讲座、校际学术交流等活动，创造浓厚的氛围；举办高雅的文艺活动，以利于培养学生乐观向上的生活态度和健康愉悦的生活情趣，发挥校园环境在育人中的感召作用，提高他们的综合素质。当然，学校还应整合校外资源，争取政府的财政支持，加大投入力度；吸纳社会力量，积极投身到大学生就业能力培养中来；大力引进企业，通过企业参与增强实效性；大学生就业能力培养家庭作用不能忽视，调动家庭积极性，发挥其主观能动性，共同提升大学生就业能力。

（三）形成闭环

闭环也叫反馈控制系统，是将系统输出量的测量值与所期望的给定值相比较，由此产生一个偏差信号，利用此偏差信号进行调节控制，使输出值尽量接近于期望值。闭环管理是综合闭环系统、管理的封闭原理、管理控制、信息系统等原理形成的一种管理方法。闭环管理是现行比较流行的管理模式，可以面对变化，进行正确、灵敏的信息反馈并作出相应的变革，使矛盾和问题得到有效的解决，决策、控制、反馈、再决策、再控制、再反馈……，从而在不断循环中积累、提高，促使事情的不断完善。闭环管理一般要经历确定标准、评定成效、纠正错误、调整计划等步骤。提高大学生就业能力培养质量，离不开决策、控制、反馈、再决策、再控制、再反馈的过程，更离不开确定标准、评定成效、纠正错误、调整计划等步骤。大学生就业能力培养首先需要学校领导小组制定标准、制定政策、做好决策；其次需要各部门在决策和标准的基础上，通力合作，严格执行，扎实有效地开展工作；再次，培养得好不好，质量高不高，需要相关部门和相关人员通过走访、座谈、调查等方式评估其成效，反馈至学校；最后，学校根据评定的结果，总结好的经验和需要改进的地方，纠正过程中错误，改进不足之处，再制订出切实可行的决策和工作方案并要求职能部门和相关单位进一步落实。如此循环，不断地进行决策、控制、反馈、再决策、再控制、再反馈过程，形成一个管理闭环，进一步提升大学生就业能力。

二、改革培养模式

人才培养模式是高等教育领域的基本问题，是高校培养人才的核心，有人才培养，就有人才培养的模式。就业能力培养也不例外，高校提升大学生就业能力培养质量应从改革培养模式开始。

"人才培养模式"概念的提出最早在1983年，官方首次明确提出这一概念在10年后。1994年，原国家教委制定并实施《高等教育面向21世纪教学内容和课程体系改革计划》，首次使用"人才培养模式"这一概念。1998年，时任教育部副部长的周远清在第一次全国普通高校教学工作会议上对"人才培养模式"作出阐释，他认为人才培养模式是人才的培养目标和培养规格以及实现这些培养目标的方法或手段。这是官方首次对"人才培养模式"概念作出阐释。随着社会和时代的发展、技术的变革，我国高等教育不断进步，"人才培养模式"概念也不断地得以完善，并有了新的概述。现阶段的人才培养模式是指在一定的现代教育理论、教育思想指导下，按照特定的培养目标和人才规格，以相对稳定的教学内容和课程体系，管理制度和评估方式，实施人才教育的过程的总和。就业能力培养决定着大学身毕业去向，关乎高校人才培养质量，理应成为高等教育的重要任务。然而，现实中高等教育重在知识传授，一定程度上忽视了大学生就业能力的培养，使得现行人才培养模式以知识传授为主，培养目标、培养环节、培养过程均以知识传授为重。现行人才培养模式一定程度上制约了大学生就业能力培养，理应予以改革。

（一）以提升就业能力为培养目标的重要内容

培养目标是高校根据自身的性质、任务制订的具体培养要求，是人才培养模式中最核心的要素，代表着人才培养的指向。培养目标的制定应从学生的需要出发，一切为了学生，为了一切学生。就业能力作为大学生事业发展的重要支撑，是大学生亟待提升的能力，也是大多数学生心中所盼，理应成为高校人才培养目标的重要内容。以提升大学生就业能力为培养目标的重要内容，就是要求高校在专业设置上应紧紧围绕市场所需，主动对接企业，以助力经济社会发展为要。既要瞄准十四五建设所需的人工智能、量子信息、集成电路、生命健康、脑科学、生物育种、空天科技、深地深海等前沿领域，还应聚焦新一代信息技术、生物技术、新能源、新材料、高端装备、新能源汽车、绿色环保以及航空航天、海洋装备等产业，围绕国家和地方经济建设发展所需主动谋划，及时调整专业设置。以提升大学生就业能力为培养目标的重要内容，还要求高校在人才培养方案制定上突出培养就业能力的核心理念。人才培养方案是学校按照人才培养总体要求，组织开展教学活动、安排教学任务的规范性文件，是实施人才培养和开展质量评价的基本依据，它包含了修业年限、职业面向、培养规格、课程设置、学时安排、教学进程总体安排、实施保障、毕业要求等内容，是人才培养的重要依据。高校在制定专业人才培养方案时，应突出就业能力培养的重要内容，明确职业面向和所需的能力，在课程设置、学时安排、毕业要求等方面将就业能力培养融合进去，紧紧围绕大学生就业能力培养制订详细、完备的专业人才培养方案。大学生就业能力培养是一项系统工程，不在一时一事，是一个长期积累的过程，还需要高校制定相应制度，建立完备的制度体系，保障高校在人才培养过程中，长期将就业能力培养作为一项制度贯彻下去。

（二）围绕就业能力打造课程体系

课程是学校老师所教授的各门学科和有目的、有计划的教育活动，包括理论课、实践课、必修课、选修课、专业课、通识课等几类课程。课程体系是由各类课程组成的有机统一体，主要由特定的课程观、课程目标、课程内容、课程结构和课程活动方式所组成。课程体系是实现培养目标、落实培养方案的重要抓手，是培养大学生就业能力的主要措施。大学生就业能力培养不能只依靠一门课程或几门课程，需要打造系列课程，形成完备的课程体系。首先应站在提升就业能力的高度设计课程体系，巧妙地将育人目标与课程目标相结合，突出育人实效；其次应在专业理论课中加入就业能力相关内容，实现专业理论课育人功能，提升大学生专业知识，突出专业理论课专业素质；最后应结合就业能力构成要素，围绕人生态度锻造、德行修养等方面，构建完整的课程体系，以供广大大学生选修和必修。与此同时，围绕大学生技能提升设计合理的实习实训、见习、毕业设计等环节，打造卓有成效的实践课程。当然，完备的课程体系建设是一个不断深入、不断探索、不断改进的过程，需要学校在完整、系统、整体思考的基础上，设计、建造和实施课程；需要在实施过程中不断总结经验，剔除不足，不断改进，最终形成卓有成效的就业能力培养课程体系。

（三）有效使用教学方法

教学方法是为了达到一定的教学目标，完成教学任务，在一定教学理念和教学原则下教师的教法和学生学习的方法，是由教学方法指导思想、基本方法、具体方法、教学方式四个层面组成，包含教师教的方法和学生学习的方法两个方面的内容。教师教的方法主要有以语言为主的教学方法（讲授法、谈话法、讨论法、读书指导法等）、以实践为主的教学方法（实验法、练习法、实习作业法等）和以直观为主的教学方法（演示法、参观法等）三类组成。学生学习的方法主要包括观察法、归纳法、自主学习法、探究学习法、合作学习法等。大学生就业能力的培养不仅在于知识和技能的学习，还包括其他方面，对教师教的方法和学生学的方法都提出了严格的要求。具体而言，教师应针对不同内容开展不同的教法。例如，讲授知识时以语言教学方法为主，辅以实践教学方法；提升技能时，应以实践教学方法为主，以语言教学方法为辅；其他能力的提升则更多地以讨论法、参观法为主。学生学习的方法同样需要如此，根据不同的学习需要使用不同的学法效果会更好。除此之外，针对就业能力培养，还应充分调动教师和学生两方面的积极性，发挥学生的主体作用和教师的主导作用，让教师在教的过程中激励、激发和引导学生，让学生在学的过程中有目的、有意识、积极主动地去学习、训练和提升。

三、加强就业创业指导

就业创业指导是提升就业能力不可缺少的方法，是就业能力培养行之有效的教育方法。它包括政策咨询、职业生涯规划、就业创业信息传递、劳动技能培养、组织招聘等相关内容。在高校开展扎实有效地就业创业指导既可以帮助大学生提升就业能力，又可以引导他们根据自身情况高质量就业，进而实现个人价值和社会价值。

（一）加强就业创业指导队伍建设

就业创业指导是一项专业性较强的工作，既需要熟悉与教育学、心理学、人力资源等有关的专业知识，又需要了解政策、掌握就业创业技巧。就业创业指导师资较匮乏，质量良莠不齐，是当前大多数高校面临的困难。因此，加强就业创业指导应首先加强就业创业指导队伍建设。一方面，建设一支专兼职相结合的就业创业指导师资队伍是较为可行的办法。就业创业指导不仅是专职教师和辅导员的工作，也是全体教师的职责。可以从在广大专任专业教师中聘用一批知识面广、富有责任心的担任就业创业指导兼职教师，或在企业中聘用一批从事人力资源及管理工作的管理者担任就业创业指导兼职教师，或在高校管理人员、辅导员和班主任中培养一批优秀的、有志于此的人担任就业创业指导专职教师。有了"三个一批"的就业创业指导专兼职队伍，就解决了师资队伍匮乏的问题。另一方面，提升就业创业指导师资队伍的专业化和职业化水平。队伍专业化和职业化建设有助于提升能力和素质，更利于队伍的稳定。广大教师是高校就业创业指导师资队伍之外的重要补充力量，应对他们加强就业创业培训，强化理论和业务指导，使之在教学过程中润物细无声地开展就业创业指导。除此之外，还应加强专兼职师资队伍的能力建设，通过必要的职业培训增强对就业创业政策的理解，掌握就业形势，提升指导能力和服务意识，进而解决就业创业指导队伍质量良莠不齐的问题。当然，在专职队伍中还要培养部分专家型教师，通过选送到优秀企业，了解企业文化、企业对员工的素质要求、员工晋升通道、薪金待遇等问题，亲身体验企业对人才需求的标准，通过专业化打造一批领军人物；与此同时，对专业化较强的就业创业指导教师进行精神和物质激励，拓宽职务晋升和业务晋升渠道，使其愿意长期从事这项工作，以增强队伍的积极性和稳定性。

（二）帮助大学生科学地进行职业生涯规划

职业规划是对职业生涯乃至人生进行持续的系统的计划的过程，是由职业定位、目标设定和通道设计三个要素构成。大学生职业生涯规划是指大学生结合自身条件和现实环境，确立职业目标，选择职业路线，制订工作计划，并按照规划实施具体行动，完成职业目标的过程。职业生涯规划对大学生就业能力提升和职业发展意义重大。科学地规划职业生涯可以引导大学生正确认识自身特点和优势，激发竞争意识，使大学生注重自身素质和就业能力提升，增强就业竞争力；可以帮助大学生确立明确的职业目标，并朝着这个目标主动学习和实践，将被动变为主动，促进学习与实践的自主性；可以是大学生以职业发展为切入点，通过追求职业和事业的成功，实现自我价值和社会价值的体现，形成积极乐观的人生态度。当然，科学的职业生涯规划还可以帮助大学生少走弯路，减少在选择人生道路上的徘徊，使自己立于不败之地。帮助大学生科学地进行职业生涯规划应做好两方面内容。一方面，帮助大学生设定职业生涯目标、明确职业意向、分析职业素质、决定职业选择。引导大学生根据自身特点和优势设定职业生涯目标，制定切实可行的目标；根据个人的爱好和能力，对自己进行职业规划，确定自己要从事的职业，明确职业意向；分析自身受教育程度、实践经验、社会环境、工作经历以及自身的一些基本情况，掌握影响和制约职业素养的因素，充分解析职业素质；通过上述的职业目标、职业意向和自身的职业素质，决定自己的最终职业选择。另一方面，运用科学的方法制订科学的职业生涯规划。实力和挑战相结合是首要法则，职业生涯目标的制定要以自身的实力为依据，不能好高骛远，更不能与人攀比；当然职业生涯目标也不能太低，应一定程度上高于自身的实力，最大限度地发挥自身潜力，给自己更多的挑战。确定性和非确定性相结合的方法是重要法则。在制订职业生涯规划时，要确定大的方向，但是在实现职业生涯最终目标时，所采用的方法、途径和手段等又是非确定性的。除此之外，还要将自己的主见和他人的建议结合起来，在吸取他人意见、掌握全面信息、深入分析问题的基础上，结合自身条件，将他人好的建议与自己的想法充分结合，制订出科学的职业生涯规划。

四、强化第二课堂、第三课堂

知识和技能的学习、德性的培养和人生态度的形成离不开第一课堂的课堂教学，更离不开各类学生活动、实践活动的开展。各类活动的开展有利于大学生练习技能，培养良好的德行，养成积极乐观的人生态度。丰富活动载体是培养大学生就业能力的需要，是全能型人才培养的需要，更是大学生职业发展的需要。

第二课堂、第三课堂是相对课堂教学的第一课堂而言的，是在第一课堂外的时间进行的与第一课堂相关的教学活动，其中第三课堂是近年来出现的较新的概念。第二课堂是指学生在校内参加的各类实践活动，包括学科竞赛、创新创业训练、素质训练、科学研究、创新实验、学生社团活动、学生工作经历、文体活动等；第三课堂是指学生在校外、境内参加的各类社会实践、就业创业实践实训等活动，以及校内外志愿服务活动等。不难看出，第二课堂、第三课堂的有效开展，对大学生就业能力的培养至关重要，是大学生学习成长的重要组成部分，是全面提升大学生综合素质的实践创新平台，是引导大学生树立新观念、增强内生动力、提升大学生就业能力的有效载体。

（一）党团活动提升大学生思想政治素养

党团活动是指依托各类党校、团校、"三会一课"、形势与政策课、主题党日、主题团日和主题班会等平台开展的活动，在第二课堂、第三课堂中占有举足轻重的作用。各类党团日活动的开展要始终以学习习近平新时代中国特色社会主义思想为核心，把实现中华民族伟大复兴的中国梦作为鲜明主题，坚持爱党爱国爱社会主义教育相结合，提升大学生思想政治素养。从内容上讲，通过开展中国特色社会主义教育和党史学习教育，引导大学生深刻认识中国共产党为什么"能"、马克思主义为什么"行"、中国特色社会主义为什么"好"，牢记红色政权是从哪里来的、新中国是怎么建立起来的，不断增强道路自信、理论自信、制度自信、文化自信；通过开展爱国主义、集体主义、社会主义教育，提高大学生的思想觉悟、道德水准和文明素养；通过开展传统文化学习，引导大学生树立和坚持正确的历史观、民族观、国家观、文化观，不断增强中华民族的归属感、认同感、尊严感、荣誉感。党团日活动不能拘泥于形式，也不能形式主义，而应该脚踏实地，不断创新活动形式，更好地使用互联网、新媒体和影视作品等，调动大学生参加活动的积极性，增强活动的实效性。

（二）社会实践引导大学生形成积极乐观的人生态度

社会实践是大学生在学校开展各类的实习实践活动，包括假期实践活动、勤工俭学等。志愿服务是指大学生在不求回报的情况下，为改善社会，促进社会进步而自愿付出个人的时间及精力所做的服务工作。校园文化活动是为校园文化建设而开展的各类学生文体等活动，包括社团活动、文艺活动、体育活动、精神文化活动等。众所周知，人生态度是人们通过生活实践形成的人生问题的一种稳定的心理倾向和基本意愿。学校开展的社会实践、志愿服务和校园文化活动本质上是生活实践，是大学生形成积极乐观人生态度的关键场所，更是大学生人生观、价值观和世界观最直接的"试金石"。社会实践和志愿服务就是教育人、引导人、培养人、塑造人的过程，不仅有利于大学生从实践中优化知识结构，树立正确的世界观、人生观、价值观和荣辱观；还有利于大学生在志愿服务中接触社会、了解社会，更好地服务社会。通过社会实践、志愿服务、支援教育、公益活动等丰富多样的社会实践活动中，广大学生心系民族命运，心系国家发展，心系人民福祉，自觉担当，自觉端正人生态度。丰富多彩的校园文化活动，大学生自己组织的社团活动，诸如体育竞技比赛、登山、游泳对陶冶情操，锻炼身体，放松心情作用明显，这些都有助于引导学生养成积极乐观的人生态度。

（三）技能竞赛提升大学生技能水平

学科和技能竞赛是高校第二课堂、第三课堂重要内容，不仅可以锻炼大学生的智力和意志，还有利于学生学会自主学习，锻炼动手能力和独立解决问题的能力。动手能力和独立解决问题的能力是大学生技能提升的重要能力。不同的学科和技能竞赛可以锻炼不同的技能。教育部非常重视学科和技能竞赛的开展，针对不同的技能开设了不同的竞赛。比如，开设全国大学生数学建模竞赛、全国大学生数学竞赛就是为了锻炼数学类大学生运用数学解决实际问题的能力，全国大学生化学实验邀请赛、全国大学生化工设计大赛就是为了锻炼化学化工类学生实验和设计技能等。诸如此类竞赛还有很多。除此之外，各省市自治区和高校结合自身实际情况，也开设了各种各样的学科和技能竞赛，旨在以举办竞赛为契机，将大学生技能提升融入育人的全过程中，提升人才培养质量。

（四）创新创业活动为主增强大学生自主能力

创新和创业是引领发展的第一动力，创新能力是技术和各种实践活动领域中不断提供具有经济价值、社会价值、生态价值的新思想、新理论、新方法和新发明的动力。创新能力包括创新意识、创新思维和创新技能。创新能力是大学生就业能力的重要部分，有助于大学生在今后职业生涯中取得成功。创业能力是指拥有发现和创造一个新的领域，致力于理解新事物的能力，其核心是创新。通过开展一系列大学生创新创业活动，强化大学生创新创业能力训练，提升大学生综合素质，增强大学生创新和创业能力，不断提高人才培养质量。我国非常重视大学生创新创业能力的培养，自"十二五"开始实施国家级大学生创新创业计划，支持大学生提升创新创业能力。除此之外，还举办了"互联网+"大学生创新创业大赛、"挑战杯"全国大学生创业计划竞赛等系列有影响的创新创业活动。

第三节　发挥政府、企业和家庭促进作用

大学生就业能力培养是一项系统工程，单靠大学生自身或者高校单方面努力远远不够，也难以取得好的效果，需要整合多方力量共同培养。政府、企业和家庭与大学生的成长和发展息息相关，对大学生就业能力培养具有极大的促进作用。

一、充分发挥政府促进作用

就业一头连着经济，一头连着民生。稳住了就业就稳住了经济的"基本盘"，稳住了社会的"基本面"。高质量就业可以推动高质量发展，支撑高品质生活。大学生就业能力的培养是大学生就业的保障，更是高质量就业的保障。营造良好的发展环境是政府重要职能，在大学生就业能力培养的问题上，政府应充分发挥自身的优势和作用，为就业能力提

升营造良好的环境。

（一）出台政策支持

政府作为国家行政机关，是制定和实施公共决策，实现有序统治的机构，是实施就业优先战略的主体，也是出台稳就业、保就业、推动就业政策的主体，所以在大学生就业培养中应强化政府责任。近年来，我国各级政府非常重视大学生就业和就业能力提升，从国家层面鼓励高校毕业生到基层就业，积极为中西部地区建设贡献力量；积极推动大学生应征入伍服义务兵役，推动"大众创新、万众创业"活动，加大对家庭经济困难大学生提供资助和援助等，效果显著。2020年，教育部出台23项措施，全力促进2021届高校毕业生就业创业，其中重点提到"开展以'成才观、职业观、就业观'为核心的就业主题教育活动，通过政策形势讲座、榜样示范引领等形式，引导毕业生把个人理想追求融入现代化国家建设新征程，主动投身国家重大工程、重大项目、重要领域就业。""加强大学生职业发展教育，组织开展'全国大学生职业发展教育活动月'等活动。举办'互联网＋就业指导'公益直播课，建立'全国大学生就业创业指导专家库'，打造大学生就业创业指导'名师金课'。各地各高校要针对不同年级开展学生职业发展和就业指导活动，提供职业发展咨询和就业心理咨询服务，引导学生树立健康、积极、理性的就业心态。"面对大学生就业能力亟待提升的问题，这些政策和措施远远不能解决问题，满足不了大学生对就业能力提升的需求。鉴于此，政府应针对就业能力提升出台具体文件和政策，大力促进大学生就业能力培养。当然，政策一方面应做好顶层设计，从多方面进行论证，更需要经过长期的实践和完善；另一方面使政策具备较强的操作性，便于各级政府、部门积极应对，认真执行，最终才能有益于大学生。

（二）多渠道提供保障

政府可以调配足够多资源，通过众多渠道保障大学生就业能力的提升。其一，强化责任制。大学生就业能力提升是一项系统工程，也是一项长期的任务，应以政府教育部门和人社部门牵头，强化对企业、高校的领导，压实责任，并将此项工作作为常规工作，常抓不懈，持续不断地加强对大学生就业能力的培养。当然，还应激发市场和企业的积极性，鼓励企业深入高校，加强合作，共同培养大学生就业能力。鼓励大学生积极参与创业和实践活动，通过创业和实践推动就业能力提升，发挥创业和实践带动就业能力提升的倍增效应。压实高校在培养大学生就业能力方面的主体责任，从政策等方面给予大力支持，充分发挥高校的主体作用，更好地服务大学生，助力就业能力提升；其二，进一步加大资金投入。大学生就业能力提升需要持续的、稳定的资金投入，政府在加大经济社会发展投入时，根据稳定和扩大就业需要和大学生就业能力培养需要，优先安排资金，预算中明确刚性比例。在规划政府投资和引导社会投资时，考量对就业能力培养的产出效果，作为投资重点和先后依据。在公共财政预算支出中，加大对就业政策扶持，对公共就业服务和公共实训、公共服务和公共实训、公共孵化基地予以重点投入和保障。当然，还需要给予高校和企业设立专项资金，专款专用，切实用在大学生就业能力培养上；其三，强化对大学生就业能力培养质量督促检查。建立督查机制，把大学生就业能力培养质量纳入高校领导班子年度考核内容，每年定期予以检查。适时对各地各高校大学生就业能力培养质量情况进行督促检查，健全统计核查机制。建立就业能力培养质量倒查机制，委托第三方机构开展质量抽查，对于表现优秀的组织给予奖励，对敷衍了事的给予批评并督促整改。

（三）营造环境积极引导

环境营造离不开舆论的引导，充分发挥媒体的舆论引导作用，正确引导社会舆论，营造好的舆论环境，对大学生就业能力提升具有积极的作用。虽然媒体只是人们借助用来传递信息与获取信息的工具、渠道和载体，常作为中介的形式展现出来，但其实它以其形象的直观性和生动性在大学生就业能力培养中发挥着重要的作用，对人们有着较为直接和直观的影响，特别是媒体的社会舆论导向作用很明显。在当前这个人人都有麦克风、人人都是新闻传播者的自媒体时代，每个人都可以畅所欲言表达自己观点，传递各种各样的信息，与之而来是各种真假混杂、泥沙俱下的资讯扰乱了我们的眼睛。在这种形势下，媒体作为社会环境的引导者，要在引导大学生就业能力提升方面发挥重大作用和履行重要职责，要唱响主旋律，宣传正能量。结合传统媒体、网络媒体、自媒体的自身特点和优势，充分发挥其所长，大力宣传就业能力的重要性以及就业能力培养的艰巨性，在全社会营造就业能力提升的必要性，引起人们的重视，让每个人都参与到大学生就业能力培养中来。特别是自媒体和网络媒体是近年来发展迅猛的新兴媒体，充分发挥其优势，以喜闻乐见的形式积极宣传，调动大家积极性，整合和形成积极向上、健康有序的主流舆论，形成舆论引导合力，助力大学生就业能力培养。除此之外，加强舆论宣传还应做好总结宣传工作和榜样示范作用。开展"普通高校大学生就业创业能力宣传月""全国大学生就业创业榜样短视频展播"等系列活动，大力宣传国家和各地支持高校提升就业能力的政策措施，营造全社会支持大学生就业能力提升的良好舆论氛围。同时，大力宣传推广促就业能力的好做法、好经验以及各地各高校优秀学生，充分发挥榜样示范作用。

二、充分发挥企业促进作用

企业是大学生最主要的就业地，是检验大学生培养质量最重要的场所，大学生就业能力如何，企业最有发言权。大学生是企业未来的希望，其质量高低直接影响着企业的发展和未来。因此，企业应高度重视大学生就业能力培养工作，主动融入高校培养大学生的各个环节中，助力大学生就业能力提升。

企业应高度重视大学生就业能力培养工作。企业离不开人，人是企业宝贵的资源，也是有限的资源。人力资源是企业各项资源的重要部分和关键内容，企业的生存和发展离不开人力资源。对于现代企业，核心竞争力是生存和发展的基础，拥有核心竞争力的企业能够使得企业保持足够优势，实现可持续发展。企业核心竞争力与人力资源息息相关，良好的人力资源储备有利于提升企业核心竞争力，使企业始终立于不败之地。人才是最为重要的人力资源，是科技的载体，是科技的发明创造者，是先进科技的运用者和传播者。如果说科技是第一生产力，那么人才就是生产力诸要素中的特殊要素。人才不仅是再生型资源、可持续资源，而且是资本型资源。在现代企业和经济发展中，人才是一种无法估量的资本，能给企业带来巨大效益的资本。将大学生作为重要人力资源和人才进行培养是经济发展的必然，企业只有依靠人才智力因素的创新与变革，依靠科技进步，有计划地培养大学生，把他们的智慧能力作为一种巨大的资源进行挖掘和利用，才能不断促进科技进步和企业的发展。培养大学生就业能力是将大学生作为重要人力资源和人才进行培养的重要手段，人才的培养离不开知识和技能的学习，人生态度和德行的自我修养，而这些就是就业能力的重要内容。因此，企业应充分认识大学生就业能力培养的重要性，高度重视大学生就业能力培养工作并积极参与其中。

企业作为大学毕业生的雇主和使用方，是大学生就业能力的检验者和受益者，应主动承担应有的社会责任，与政府、高校共同开发和提升大学生就业能力。一方面，企业应主动参与到高校人才培养过程中。人才培养方案是学校落实党和国家关于人才培养总体要求，组织开展教学活动、安排教学任务的规范性文件，是实施人才培养和开展质量评价的基本依据。企业是大学毕业生的使用方，清楚地了解大学生欠缺什么、高校人才培养过程有待完善的地方。鉴于此，企业应主动参与到高校人才培养方案制订过程中，根据经济社会发展和企业事业发展需求、高校办学特色和专业实际情况，为培养目标与培养规格、课程设置、毕业要求等内容提出合理的意见和建议，与高校合理制订专业人才培养方案。高校第一课堂、第二课堂是培养大学生的重要场域，企业应与高校密切合作，充分融入课堂中去，共同培养大学生就业能力。企业与高校积极合作，将行业和企业对大学生的需求，对知识、技能的要求，以及存在的问题充分与高校交流，促使教师在课堂教学中、实习实训中有意识地培养。当然，企业还可以通过物质奖励或资助的方式，激发大学生学习和科学研究的热情，努力提高大学生的创新创造能力、分析问题解决问题的能力以及实践动手能力。在校园文化活动、社团活动中，企业可以通过承办活动、参与活动等方式，积极投身到第二课堂中来。通过开展丰富多彩的第二课堂活动，帮助学生提升人际交往能力，形成积极向上、认真负责的人生态度，自觉地提升自身的道德修养。订单式人才培养模式是企业根据自身的人才需求及规格向学校下达人才培养订单，学校接单后，在企业的主导和协作下按订单进行人才培养，所培养的人才经企业验收合格后即被企业录用的一种人才培养模式。在大学生培养环节，企业可以通过与高校深度合作，开展订单式人才培养，有目的地培养大学生就业能力，并在提高大学生就业能力的基础上满足企业的用人标准。除此之外，毕业生入职后，企业应密切关注其职业发展状况和就业能力培养状况，将了解的情况主动向高校反馈，以便高校在以后的培养过程中吸取经验，弥补不足。

另一方面，企业应加大与高校在就业指导、实习实训、社会实践等领域的合作力度，提升大学生就业能力。企业拥有就业指导的众多资源，高校可以通过"请进来，走出去"的方式开展有针对性的就业指导。所谓的"请进来"，就是高校聘请资深企业人力资源管理者和企业管理者担任校外指导教师，有针对性地为大学生开展职业生涯规划和就业指导，帮助大学生明确自己的自我定位、就业方向、职业发展方向等，助力大学生有意识地针对自身情况丰富知识和技能，明确人生目的，端正人生态度，自觉地提升道德修养，提升大学生的就业能力。所谓的"走出去"，就是高校将大学生送到企业，参观企业的办公环境，了解企业对合格员工的要求，参加模拟求职招聘面试，让大学生更直观地感受企业环境和氛围、学习现场模拟面试、掌握求职技巧，了解与目标岗位相匹配的专业素养和综合能力，从而有针对性地培养就业能力，提升毕业生就业竞争力。企业还可以与高校共同开发实践平台，建设实习基地，并主动为大学生提供见习、实习、实践机会，提升大学生实践动手能力。大学生创业园、实践教学平台、实习实训基地的建设离不开企业的参与，它们是高等学校专门用于工程训练和实习的实训基地、实习基地，是大学生提高实践动手能力的重要平台。高校通过这些实践平台，开展教学实习、技能实训、岗位体验、就业实践等活动，有利于本科生在实习期间定位个人发展方向，及时调整自己的职业规划，在提高自身就业能力的基础上满足企业的用人标准。

三、充分发挥家庭促进作用

"天下之本在国,国之本在家。"家庭是国家的基础,是社会的基本组成细胞,是人生的第一所学校,对大学生成长意义重大。家庭是大学生最早接受教育的地方,父母是第一任老师,家庭教育在大学生的成长中起着奠基的作用。在大学生就业能力培养方面,家庭及家庭教育有着不可替代的作用。

家庭是在婚姻关系、血缘关系或收养关系基础上产生的,以情感为纽带,亲属之间所构成的社会生活单位。家教和家风是家庭的重要内容,对大学生有着潜移默化、不可替代的作用。家庭教育是优良家教和家风得以产生的重要方式,是大学生就业能力培养的重要内容,对大学生成长成才意义重大。

(一)家庭教育对大学生的发展的意义

人一生离不开家庭,自然也离不开家庭教育。一方面,家庭教育是大学生发展的奠基性教育。家庭是人生的第一个课堂,父母是大学生的第一任老师,家庭教育是大学生接受的最初教育。人离开母体来到这个世界,最先接触到的是父母和家人,是他们教会大学生说话、走路、吃饭等基本生活技能,是他们教会大学生认识世界,是他们教会大学生基础知识、文明礼仪、为人处世之道,如何与他人交往等。家庭教育为大学生后期接受教育打下了坚实的基础,对其一生的发展起着奠基性的作用;另一方面,家庭教育是大学生发展的终身性教育。人的一生都生活在家庭中,离不开家庭,自然家庭教育也将伴随人的一生,是其终身性教育。不同于学校教育,家庭教育从大学生来到这个世界开始,到离开这个世界结束,伴其一生;家庭对大学生的教育内容非常广泛,不仅包括知识技能,还包括吃穿住用行,父母将自身的经验教训、对人生的感悟等统统教给他们,毫无保留,这些教育也是贯穿大学生一生的。除此之外,家庭教育不同于学校教育,没有毕业时间,没有时间限制,也不会有毕业的一天,只要大学生生活在家庭中,就始终会接受家庭教育,家庭是大学生接受终身教育的场所。家庭教育作为大学生基础性教育、奠基性教育和终身性教育,使得他们全面接受知识和技能,陶冶品格,加强自身修养,对大学生的发展意义重大。家庭教育是学校教育的有力支持。苏联著名教育家苏霍姆林斯基曾经说过:"没有家庭教育的学校教育和没有学校教育的家庭教育,都不可能完成培养人这一极其细致而复杂的任务。"可见,家庭教育是学校教育的重要支持力量,学校教育再好,质量再高,如果家庭教育不好,对大学生的培养也只会功亏一篑。没有良好家庭教育的帮助,学校教育的效果也会大打折扣,可见良好的学校教育与家庭教育息息相关,良好的家庭教育为大学生打好了坚实的基础，便于他们更好地接受外界教育。正如苏霍姆林斯基在《给教师的建议》里指出的："家庭要有高度的教育学素养。如果没有整个社会首先是家庭的高度的教育学素养，那么不管教师做出多么大的努力，都收不到满意的效果。"

大学生就业能力的提升当然也离不开家庭的培养，大学生良好的学习习惯、优秀的道德品质、积极向上的人生态度的养成均与家庭息息相关，离不开良好的家教和家风。家庭在大学生就业能力培养方面有着自身的优势，扮演着十分重要的作用。一方面，家长了解大学生的性格、个性特点和交往喜好，可以根据特点开展个性化和特殊化家庭教育，把价值观、人生观和世界观从小就传递给大学生，培养他们做人的气节和骨气，拥有美好心灵，促使他们健康成长，长大后成为对国家和人民有用的人；另一方面，家长和家庭的言传身教对大学生成长成才更为重要。在孩子成长过程中，家长一言一行都具有示范作用，他们好的行为、正确的价值观能够影响孩子一生。通过重言传、重身教，教知识、育品德，帮助大学生从小扣好人生的第一粒扣子，迈好人生的第一个台阶；通过培育和践行社会主义核心价值观，引导大学生热爱党、热爱祖国、热爱人民、热爱中华民族。通过讲授中华民族传统美德，传递尊老爱幼、男女平等、夫妻和睦、勤俭持家、邻里团结的观念，倡导忠诚、责任、亲情、学习、公益的理念，推动大学生在为家庭谋幸福、为他人送温暖、为社会作贡献的过程中锻造品质、加强自身道德修养、提高精神境界。

（二）营造良好的家庭环境

家庭环境是影响大学生成长成才的重要因素，营造积极、和睦、平等的良好家庭氛围，有助于家庭教育的有效开展，为大学生提升自身就业能力创造更为有利的外部条件。

一是，营造和谐的硬环境是形成良好家庭氛围的首要条件。家庭成员之间相互礼让、和睦共处，父母和子女建立平等友好的关系，多一些民主、多一些交流沟通、多一些倾诉，并给予他们充分的权利，不搞专制，更不能用简单粗暴的行为体现权威，充分尊重他们的意愿，以便形成健全的人格、独立自强的性格和优秀的思想道德品质。

二是，营造优质的软环境是形成良好家庭氛围的重要条件。俗话说："知子莫如父，知女莫如母。"父母与子女长期共同生活，父母的一言一行潜移默化地影响着他们，与此同时，子女也在随时模仿、学习父母的语言和行为。因此，父母的言传身教极大地影响着孩子。作为家庭主要成员的父母应自觉地提升自身的思想素养、道德修养和文化涵养，形成正确的世界观、人生观和价值观；关心国际、国内大事，积极参与社会事务和公益活动，规范自身的行为；从小事做起，从我做起，养成良好的生活方式和生活习惯。通过言传身教，将家庭成员的一言一行传递给子女，以便他们更好、更快地提升自己的就业能力。

　　政府、企业和家庭极大地影响着大学生就业能力的培养，大力发挥政府、企业和家庭在就业能力培养中的积极作用，不能将三者剥离开来，而应将政府、企业和家庭充分结合起来，使其发挥各自的优势，扮演好各自的角色，增强培养的系统性和有效性。

第八章

当代大学生创新型人才培养途径

第一节 思想教育创新工具

一、思想政治教育与大学生创新创业教育的关系

作为新时代中国高等教育的重要部分,思想政治教育的核心内容包括教授学生思想观念、政治观点和道德规范,是一门有综合性、实践性和前瞻性的应用学科。大学生创新创业教育作为指导学生依据个人专业背景、个人技能、兴趣,并运用创新创业理念在实践的过程中全面发展的素质教育。两者虽然在教育的侧重点上有所不同,但是有着共同的价值取向,即实现人的全面发展。所以,思想政治教育和大学生创新创业教育在内容和授课方式上有很多相似之处。思想政治教育指导大学生创新创业教育,不仅符合国家和社会的发展需求,而且可以坚定学生个人的思想内涵,通过潜移默化的教育,使学生各方面得到提升。两者相互融合,相互促进;两者相互联动,协同创新。

(一)思想政治教育是推动大学生创新创业教育的有效途径

国内开展大学生创新创业教育已十年有余,但由于实际的教学效果与预期有差距,所以一直存在质疑的声音。经常出现的问题就是高校教师将创新创业教育同职业生涯规划

或者就业指导相混淆，着眼点在高就业率和缓解社会就业压力上，缺少对综合素质的培养，造成高校毕业生成才培养不足。所以在思想政治教育视域下推进大学生创新创业教育的发展，使两者相互补充，为高校大学生提供可持续的职业规划发展路线，这也是思想政治教育视域下大学生创新创业教育的价值所在。

1. 思想政治教育帮助大学生树立正确的创新创业观

在当前产业升级与改革创新不断深化的时代以及高校转变传统教学理念、培养创新型人才的背景下，大学生创新创业教育无论是在教育领域还是经济领域、政治领域都有着重要的作用。当下大学生创新创业教育培养出的学生更多地把创新创业的成功归结到创业的运气上，而不在于自身素质和创业的过程。这种看法说明了高校的创新创业教育课程在指导大学生创新创业观念时存在很大的漏洞，所以需要用思想政治教育作为指导达到教育目的。通过调整思想政治教育的课程大纲，强化学生观念和树立正确的意识，让学生感受到大学生创新创业教育的必要性和重要性，培养学生对具体的社会问题要经过分析问题、探索问题最终解决问题这样的一个过程，在实践环节激发学生创新创业的积极性，挖掘学生个体的潜能，感受创新创业过程的艰辛和意义。在思想政治教育视域下指导大学生创新创业教育的开展，帮助大学生获取更大的动力并且保持艰苦奋斗的人格品质及意志，最终取得成功。

2. 思想政治教育帮助大学生提高自身创新创业素质

在影响大学生创新创业的各项因素中，大学生的个人素质或者能力因素占了极大的权重。在风险投资界中，创新创业者的基本素质、驾驭能力、应变能力、合作精神等个人特质或能力在投资决策的评估中往往是排在第一位的关注点。现实生活中，高校开展的创新创业教育过于重视理论知识，忽视了学生的个人综合素质培养，这也是大学生创新创业教育发展到现在缺少实效性的主要原因之一。在思想政治教育视域下指导大学生创新创业教育的工作，使教育工作目标与内容更加贴近现实，对学生的就业与创业有着最直接的助力作用。学生工作的最终目的便是培养出既符合时代发展需求又服务于社会和国家的有责任的大学生。因此，大学生的个人创新创业素质便是大学思想政治教育与大学生创新创业教育中最核心的议题。只有将创新创业教育中融入正确的思想政治教育与个人价值观，帮助学生培养自主创新意识，引领学生根据自身情况为基础来构建符合自身发展的规划，把社会和国家的发展与创新创业目标相结合，激发学生的创新创业热情，为学生提供一个自强、自立、自主的探索渠道，才能更好地消化创新创业中可能出现的负面情绪，调整心态和情绪，为社会培养创新创业能力的综合性人才。

3. 思想政治教育帮助大学生增强创新创业时代精神

通过创新创业教育培养大学生建立起独立坚强、乐观勇敢的品质和健全的人格，树立远大理想，培养良好的心理素质，这不仅使创新创业教育与思想政治教育的目标高度契合，也说明创新创业教育所倡导的创新创业价值观也与新时代的思想政治教育的价值导向有着高度的统一性。将思想政治教育作为创新创业教育的指导，可以最大程度地利用思想政治教育的育人以及激励功能，培养出既有时代精神理念又有实践能力的学生，把创新创业教育变成思想政治教育中"具体化"的内容。

（二）大学生创新创业教育是创新思想政治教育的重要载体

随着思想政治教育社会化趋势的日益彰显，思想政治教育的主客体及其身份呈现多样化发展势态，为适应这种新变化，创造覆盖面更广、承载思想信息更多、便于操作、富有特色的载体，是思想政治教育的迫切要求。思想政治教育在不同的历史时期有不同的载体。首先，我们现在正处于全面建成小康社会，实现中华民族伟大复兴的中国梦的阶段中；其次，我们国家的经济发展呈现新常态，经济结构不断优化；最后，中国经济实现了从粗放型到集约型，创新驱动发展成为经济发展的新动力。以创新为引擎的新时代必然会对高校教育的人才培育模式和理念产生影响，只有培养出更加适合国家和社会发展需要的创新型人才，才会更好地为国家的经济和社会发展服务。大学生有敏锐的思想、快速的执行力和高度的责任感，只有用思想政治教育指导创新创业教育，才会培养出符合时代发展，坚定思想内涵，满足社会和个人发展需求的大学生。

思想政治教育同创新创业教育有着天然的统一性，主旨都是培养出具有社会担当、健全人格、科学素养以及专业技能的人才。只有把大学生创新创业教育当作思想政治教育的新载体，才会实现思想政治教育的创新与发展，更好地为国家人才发展战略服务。

大学生创新创业教育继承发展思想政治教育立德树人的指导思想。为更好地适应知识时代创新人才的竞争，大学生需要通过教育来提高自身的创新创业能力，思想政治教育就是通过教育活动指导学生的思想品德、行为、心理以及能力去符合社会及个人发展，创新创业教育则是根据不同学生的专业及兴趣，通过教育实践活动的指导使学生全面发展。两个课程的侧重点都是以思想品德为基础，最终完成学生的全面可持续发展。所以，只有把大学生创新创业教育当作思想政治教育的载体，才能更好地发挥其相辅相成的特质，培养出有健全人格、科学素养、创新精神、创业能力的人才。现行的思想政治教育课程仍是以理论为主，不仅与实践环节有一定距离，还忽略了在实践中加强对学生素质的培养，大学生创新创业教育可以帮助大学生在个体发展和社会需求中找到平衡点，转变传统就业观念，摆脱传统错误的着眼点，更多地关注个人素质的培养，帮助学生更好地树立世界观、人生观、价值观。

大学生创新创业教育能够提高思想政治教育的实效性和针对性。思想政治教育作为传统的教育模式一直存在着实效性滞后、针对性不强等问题，不仅教学内容枯燥单一，教学手段单调老旧，而且没有真正地结合大学生的实际需求。大学生创新创业教育可以解决思想政治教育中模式化和抽象化的问题，从大学生的自身需求和实际体验出发，做到理论和实践相统一，在实践中实现大学生个人价值和社会价值的统一。在思想政治教育中融入大学生创新创业教育，使大学生的理想信念和社会责任感外化为具体行动，让学生更加容易接纳相关内容，为新时期的思想政治教育开辟新途径。

综上所述，思想政治教育是指导大学生学习知识、调整心态、坚定理想、端正大学生创新创业动机的综合教育；创新创业教育是培养精神、锻炼意志、承担责任、塑造人格的有效方法。只有在两者的相互促进的作用下，创新创业人才会全面发展，并为构建社会主义和谐社会作出自己的贡献。

二、引导大学生树立符合社会需求的创新性

人才成长目标加强大学生对新时代人才需求的认识，正确把握新时期大学生的思想脉搏，才能找准切入点，充分了解创新创业发展对人才的需求，并在此基础上对大学生进行教育，能够更好地引导大学生树立成才目标。

（一）引导大学生明确成才目标

不同的时代对人才的要求是不一样的，时代标准的不同导致大学生的成长成才目标也是不一样的。根据《国家中长期人才发展规划纲要》内容对人才进行定义，人才在广义范围是指劳动者，这一类型的劳动者必须拥有专业的知识和技能，能够进行创造性劳动，通过自身的努力为社会的发展作出贡献。在这样的人才定义中能够看出，人才的培养是全方位的，并不只是知识技能的训练和提高，还要包括高尚的品德思想和优秀的人格。如何更好地帮助大学生树立正确的成才目标，应该从以下几点出发。

第一，把握好思想政治导向，通过多方式、多渠道将正确的政治导向传播给大学生，帮助大学生提升思想和政治觉悟，向大学生灌输正确的政治导向，提高大学生的政治觉悟并完善其道德品质的建设，使其形成符合社会主流的正确"三观"。

第二，把握好知识导向。知识的更新和时代的变革是不能分开的，因此要引导大学

生看清实际情况,抓住时机,不断丰富自身的学习和对专业领域知识的了解,时刻关注专业领域的新发展、新动态,关注政府国家的新政策,经过不断学习全方位掌握自己的专业知识,并在学习的过程中注意理论与实践的结合,加强实践操作能力,将自身所学的知识能够在实际生活中得到应用。为了让大学生更好地实现成才目标,这就需要大学生不断提高自己的能力。如运用知识能力,通过在校学习,大学生大部分都能掌握基本的专业知识,拥有一定的理论基础,但由于缺乏实践,进入工作岗位后不能立刻上岗,必须经过企业的相关培训,这样"会学不会用"的情况在目前是非常普遍的。因此,大学生在校期间应注重运用知识能力的培养,多参加创新创业的实践活动,在活动中将既有理论知识与实际结合起来,不断积累经验,这样在毕业工作后才能更好地适应社会需求,更好地实现自我价值;持续学习能力,大学生在学习阶段知识结构和内容都不均衡,而目前我国高校虽然已经进行了教育教学改革,但对学生自主学习能力的培养还是不够重视,导致学生的自主学习能力整体较差,进入工作岗位后经常会遇到没有学过的知识,接受程度就比较差。这就要求大学生要提高学习能力,将自身所学知识与工作迅速融合起来,更好地完成工作任务。信息时代要求大学生不断学习,以更新知识内容丰富知识结构,这是企业创新和发展的重要因素,也是创新型社会对人才的要求。

第三,把握好行为导向,主要包括引导大学生树立坚定的理想信念,有明辨是非的能力,在复杂的社会环境中能够认清积极向上的正能量和培养健康高雅的情趣。不断加固自身的思想防线,防止不良思想的入侵;加强思想道德修养,保证思想正直。同时,还应该积极引导大学生在生活中自觉以正确的行为规范来约束自身行为,坚持优良的道德传统和情操,为保持良好品行守住道德的底线。

(二)引导大学生认知成才价值

如何正确处理全面发展与个性发展是解决大学生对成才价值的认知的关键,也就是怎样看待个人利益与集体利益关系的问题。引导大学生对成才价值的认识,就要注意区分全面和个体,但从根本上来说二者是辩证统一的,全面发展与个性发展相辅相成。当代大学生应该努力将自身的价值与社会价值结合起来,使两者保持既辩证又统一的关系,这不仅是国家发展的需要同时也是人类进步的必然要求。大学生要清楚地认识到个体的价值必须在一定的社会关系中才能得以实现,但又由于社会关系的原因,主体发展的需求就必须在社会关系的支持下转变为现实。

由此可以看出,个人才能的不断进步不仅能够反映当时的社会需求,而且体现了社会性的特点。要想实现个人的成长价值,就必须将个人价值与社会需求联系起来,切实将个人价值放在实际的社会生活里，厘清个人的发展与社会责任的关系，在实际生活中能够自觉承担起应尽的社会责任，这个过程本身就是个人价值与社会价值的统一和实现。大学生能够将自身的个体价值转化为实际的行动，在具体的社会生活中体现出来，就是实现了自己的个体价值。大学生在进入社会后，会与他人形成比较和竞争关系，在处理这些关系时，大学生应该正确面对在这些关系中的利己利他的问题和差异性一致性的问题。在良好道德规范中严格要求自己，自觉承担起应尽的社会责任，实现有意义的人生。

随着社会的进步与发展，越来越多的人注重"软实力"，对大学生而言，合作沟通的能力就是众多"软实力"中最为重要的。它不仅是个人能力的体现，同时还是企业和团队合作中的重点。通常在企业中大部分项目都是由团队合作完成的，这就要求每个团队成员具备团队意识和良好的合作沟通能力，以保证问题的顺利解决和整个项目的完成。在创新创业教育的实践环节中，学生的合作沟通能力能够得到锻炼和提升，这为大学生日后的发展打下了坚实的基础。

（三）引导大学生加强社会锻炼

与其他传统的理论课教学不同的是，创新创业教育在说教的基础上更加注重实践，创新创业教育是一种实践性很强的教育形式。针对创新创业教育的这一特点，要求在教育学生要学好专业知识的同时，还要不断地提高创新创业的精神和能力，为了保证大学生融入社会发展中，还应积极鼓励他们致力于社会的实践。大学生是我国建设创新型国家的希望，也是人才强国战略的重要组成部分。要想让大学生的创新意识、创业能力得到普遍的提高，就要将大学生的创新思维与社会实践紧密地结合起来。因此，在对大学生进行成才教育时，要克服狭隘片面的实用主义教育观。

首先要积极进行教学模式改革。掌握学科的前沿知识，努力将最新的科研成果贯穿到教育教学的始终，让学生了解专业的前沿知识，改变现有的教学方式，以学生为主体，培养大学生养成自主学习和独立思考的能力。充分利用多样化的教育教学形式和手段，例如将实际情景导入教学环节中，或者鼓励参加模拟实际教学形式，再或者案例对比分析教学形式等。经过多种教学方式和手段的变化，实现增强学生学习的兴趣和提高学习感悟的目的。教学模式的改革中要重视学生对专业知识的理解和思想感悟，努力让学生完成自身的提高。

其次要不断加强教育实践的环节。我们需要积极开展与教育教学的相关实践活动，如建立长期稳定的实训基地和实习场所，通过既定的教育教学计划，安排学生有目的有组织地进行专业技能的实际操作与训练，让学生能够在实践中主动将理论知识转化为生产力；还可以充分利用现有的资源搭建平台，让学生参与具体的项目，不断积累经验，树立大学生的创新精神和能力。成长在新时代的当代大学生，由于各方面条件比较优越，因此容易出现承受压力的能力较弱、过分看重个人利益和不服从管理等问题。但现代企业需要能够踏实工作和敬业上进的员工，所以高校应加强对大学生社会生存观和价值观的教育，以便学生更好地适应社会生活。

在创新创业教育中大学生应注重培养自己踏实敬业的能力，合理有效地利用创新创业课程提供的资源，积极学习并主动参与团队合作项目。高校成长对大学生成才的教育培养，要按照党和国家的教育方针进行，并结合高校自身的实际情况，以人为本，更新思路，实现人才的高素质养成。

三、推进高校思想政治教育对创新创业教育的价值引领

思想政治课在高校教育理论课中占有重要的位置，它不仅能在现实中解决大学生的困惑，还能帮助大学生树立正确的人生观和价值观，这对大学生的成长成才起到了关键作用，同时在创新创业教育中也起着不容忽视的价值引领作用。

（一）以思想政治教育主导创新创业教育的发展方向

社会主义核心价值观的提出在一定程度上回避了创新创业教育价值观引领上的照搬照抄，对创新创业起到了主导作用。实现中华民族的伟大复兴要求我们要符合历史的发展潮流，努力建设创新型国家，这就对人才的培养提出了新的要求。青年学子尤其是大学生，作为国家发展的中坚力量，他们的价值选择直接影响着国家的兴衰。因此，大学生创新创业教育必须符合国家的整体发展方向，在社会主义核心价值观的引导下，通过多种教育载体，将创新创业的精神向大学生输送，使他们能充分认识到创新创业的必要性和现实性。

创新驱动的发展战略出现在经济新常态条件下，创新创业教育的出现符合思想政治教育的时代性，也能适应社会发展的基本理念，遵守着立德树人的关键要求。与创新创业教育的目标相同，高校的思想政治教育也是为了培养大学生树立高尚的思想道德素养和远大的理想信念，二者都是为了实现人自由而全面的发展。

社会主义核心价值观是思想政治教育的基础，而社会主义核心价值观主导了创新创业教育的发展方向。社会主义核心价值观从国家、社会、个人三个层面概括了我国社会的价值观念标准，高校开展创新创业教育必须在思想政治教育价值的引领下进行，这样不仅

能保证创新创业教育的发展方向，同时还能增加大学生创新创业的成就感和使命感。通过思想教育对大学生创新创业的引领，让创新创业为社会主义核心价值观的践行提供了平台，使得大学生更容易理解和接受。

（二）以思想政治教育引领创新创业教育的价值内容

创新创业教育和思想政治教育在内容上有共通之处，比如高校思想政治教育中关于职业道德的教育、大学生心理健康、形势政策课程以及理想信念教育等。这些课程的设置和开设都是为了有效地帮助大学生健全人格品质，提高思想政治觉悟，强化社会责任感和服务意识，形成符合自身发展和社会发展的远大理想，与积极健康的心理和完善的人格。在创新创业教育过程中，从个体价值出发，注重引导学生树立正当的价值观念，能够激发学生在实践过程中不断提升和实现自我价值。从社会价值出发，大学生能够在实践环节中适应职业发展和要求，不断调整和完善自身，进一步丰富和借鉴他人经验，为创新创业奠定基础，同时也培养了良好的职业道德和品质。结合实际情况和社会需求，积极引导大学生形成合理的价值观念。

1. 创业观教育

创业观也是大学生创新创业教育的重要内容。世界观、人生观和价值观从根本上指导了人一切的外在行为。一个拥有正确积极的世界观、人生观和价值观的人，一定会对他的目标付出艰苦的努力。要使大学生拥有正确的创业观，就要在对他们进行的创新创业价值观教育的过程里，结合创新型国家建设的需要，使他们明白并勇敢面对自己可能在创业过程中遭遇的困难和挑战，使他们勇于开拓创新，找到新的发展思路。所以，在对大学生进行创新创业教育价值观教育的时候，应该积极借助各种手段，使大学生在创新创业的过程中，不断做出既符合个人追求也符合社会追求的选择。在发展自身的同时，也不忘建设社会主义的伟大使命。

良好的创业心理素质也是增强大学生创新创业教育实效性的重要内容。所以在教学过程中，不能只向学生展示成功的创业案例，更应该带着他们对一些经典的失败案例进行分析，分析失败的原因，并从中汲取宝贵的经验教训。在这个过程中，也使大学生意识到，创新创业的道路可能并不是一帆风顺的，很有可能会遇到较大的风险和挑战。对大学生创新创业教育的一部分目的就是使他们拥有良好的心理素质，既要锐意进取、志存高远，又要在创业的过程中不遗余力地发挥自己的才能才干，利用所学闯出一片自己的天地。同时在面临失败和打击时，也要拥有强大的心理素质去承担风险和责任，养成屡败屡战的、坚韧的精神。所以在对大学生进行创新创业教育时，切不可忽视对他们心理素质的培养。

2. 理想信念教育

理想信念教育同样应该是大学生创新创业教育的重要内容，是增强创新创业教育实效性不可忽视的问题。大学生只有拥有崇高的理想和坚定的信念，才能在创新创业的活动中目标明确，并为了实现目标而付出长久的努力。人的理想可以包含社会、生活和创业理想等多领域，创业理想的成功也有助于社会理想和生活理想的实现。对大学生进行创新创业价值观教育时，同样应该包含对理想信念的教育，应该引导大学生找到明确的创新创业方向，找到适合自己的创业思路。在这个过程中还要帮助他们不断地完善自身的素质，在创业中充分发挥自己的能力，找准自己的兴趣所在。所以，创新创业价值观教育的课程中，创新创业理想信念的教育一定是必不可少的。

3. 职业道德教育

对大学生进行的职业道德教育也是创新创业价值教育必不可少的内容。职业道德是指人在劳动的过程中应该遵守的准则和规范，遵守诚实守信、爱岗敬业、服务人民等职业道德是每个公民的基本素质。从目前来看，在对大学生进行的创新创业价值教育的课程中，职业道德的教育非常重要。在过去的思想政治教育的课程中，理论说教的内容与现实严重脱节，也有一定的滞后性。所以在创新创业教育中，应该加强对他们自律意识的培养，使他们改善自律意识差、缺乏社会责任感的现状。在创新创业的价值教育中，应该引导学生树立远大的职业理想，养成良好的职业习惯，具备良好的职业道德，这正是大学生创新创业价值教育的重要内容。

（三）以思想政治教育丰富创新创业教育的载体模式

创新创业教育可以最大限度挖掘思想政治教育的育人功能，将实践能力放在学生培养的首位，把社会价值和大学生的个人价值放在一起统一起来，并联系社会的发展方向使创新创业教育成为思想政治教育的新载体。

1. 课程主渠道载体

创新创业教育是为了提高学生创新精神和创业能力而设置的课程，目前全国各高校大都开展了关于创新创业的选修课或是必修课，但从整体上来看，目前的课程设置还不足以实现创新创业教育的实质和目的，也不足以全面提高大学生的创业能力和创业素质。创新创业教育还需要构建一系列的专业课程以及基础课程，这样才能引导大学生树立创新创业的观念，提高大学生的创业素质。比如，目前高校思想政治理论课中的基础课程——思想道德修养与法律基础，积极倡导正确的价值观念，引导大学生树立符合社会主流思想的道德品质，为大学生树立正确的创业理想和选择奠定了理论基础。高校的专业教育是学生学习专业技能，提升专业能力的主要方式和途径，通过对专业课程的学习，可以进一步激发学生对本专业的兴趣和职业认同感，能够积极了解行业动态，树立积极的行业精神。对本专业的深入研究能够为大学生提供更多的思路和知识积累，进而提高创新能力和创业素质。

2. 实践活动载体

创新创业教育最有效的载体就是实践活动，所以必须在实践中不断摸索，合理地进行规划，才能逐步提高创新创业技能与知识积累。创新创业教育的实践活动目前来看比较单一，主要为创新创业大赛和创业园项目等，除此之外，创新创业的实践活动更要和思想政治教育的实践活动紧密地结合起来。例如，开展以"创新创业"为主题的班会或辩论赛，让学生充分参与其中，从多个角度了解创新创业；考察参观当地创业成功的企业，与成功的企业家交谈，能够让学生对创新创业有更深层次的了解，并能从中汲取经验。通过多种实践方式，让大学生获得丰富的情感体验，树立起积极进取和敢于担当的社会责任感，了解创业的艰难困苦，感受企业文化带来的影响，并经过自身的实际体验做出有利的调整。

3. 网络教育载体

新媒体技术的出现，让网络成为新兴的教育阵地。目前，高校的思想政治教育也已经开始向网络思想政治教育模式转化了，它的主要教育内容体现在大学生成长成才过程中的价值引领上，大学生在遇到难题时大部分都会进行网络搜索，对创新创业教育更是如此。创新创业已经成为时代发展的选择，与大学生的发展切实相关，因此网络思想政治教育也必须在创新创业教育的内容上给予回应。利用丰富的载体形式，积极有效地传递信息，同时还应注重进行价值引导和渗透，促使大学生树立正确合适的目标，在个人的发展中融入社会主义核心价值观要求，实现线上与线下的同步。在对大学生进行创新创业教育时，可以充分利用新媒体技术。新媒体的出现颠覆了传统的信息传播方式，改变了人们获取知识信息的渠道，在不知不觉中影响着人们的价值观念、行为方式和思维方式。所以在对大学生进行创新创业教育时要及时充分地发挥新媒体传播的优势，引导大学生形成对创新创业的正确认识和理解，注重创新意识和创业能力的提升与养成。

网络创业模拟是通过课堂教学和网上互动的形式，将理论知识和创业的实践操作环节结合起来的一个网络在线教育平台模式。这个平台可以为学生提供一个在课堂外学习和实践的场所。在这样的平台中，学生可以不受时空限制，并且能满足个性化学习的需求。现阶段，网络虚拟教育平台在创新创业实践上已经取得了一些成果，但是还有很多不足之处。比如，网上的虚拟平台并不能模拟创新创业中的风险。所以我们在利用网络对学生进行创业模拟教育的同时，也要为两个方面做好准备工作，包括的内容有：一是要将风险意识教育放在重要的位置，加强学生的理解，帮助大学生在创新创业的过程中树立较强的防范风险的意识；二是对创新创业的模拟过程应不断完善，创新创业的模拟过程应尽可能真实，综合考虑各种实际因素。这样才能更好地培训学生的创业思维和自主学习的能力，使创新创业实践的教育更加有效。

第二节 大学生创新创业能力培养的途径

一、创新创业教育理念融入

理念是行动的先导，没有科学、正确的理念，大学生创新创业教育的施行就缺乏成长的土壤。国家实行大学生创新创业教育计划是为了造就最具创造性、最有创新精神的人才。因此，高校、地方政府以及社会各层都要树立科学的理念，为大学生创新创业教育齐心合力，为建设创新型国家提供人力资源保障。作为应用型本科院校，在实施创新创业教育过程中，要清醒地认识到创新创业教育的本质是素质教育，核心是"育人"，是以培养学生创新意识、创业能力、实践能力为目标的，以达到对学生综合素质的培养。

（一）坚持创新创业教育全方位理念

深化创新创业教育改革，不断增强学生的创新精神、创业意识和创新创业能力，关键是要打通校内各个环节、协同校外优质资源，构建全方位的创新创业教育工作格局。从当前高校自身看，部分高校对创新创业教育重视不够，表现为创新创业教育多为部门或学院的"单打独斗"，工作条块化、碎片化现象较为严重，缺乏校内有效统筹等。从校外看，协同培养的体制机制壁垒仍然存在，交流互动不足，对校外优质创新创业资源的使用效率不高，一定程度上影响了创新创业教育工作成效。因此，要把创新创业教育作为一项系统工程推进，加强学校与社会、政府间的顶层设计，科学谋划高校创新创业工作，建立健全全方位的创新创业教育工作格局，汇聚推进高校创新创业教育改革与实践的强大合力。

（二）坚持创新创业教育全覆盖理念

创新创业教育必须覆盖全部专业、全体学生，推进专业教育与创新创业教育有机融合，这既符合经济社会发展需要，也符合人才培养规律。当前，新一轮科技革命和产业变革方兴未艾，迫切需要大批创新人才，这就要求人才培养在专业知识教育的基础上，融入更多创新创业知识，对专业教育进行延伸和拓展，使专业教育能够更好地满足经济社会发展需要，为推动产业转型升级提供更多的智力支撑。从人才培养规律看，创新精神和创造能力是素质教育的内容之一，更是创新创业教育的核心内容。可见，创新创业教育是素质教育的题中应有之义，是对素质教育的深化和具体化。创新创业教育已经成为新时代发展素质教育的重要突破口，而专业教育与创新创业教育的有机融合，将更加有利于促进学生的全面发展，特别是树立实践精神、自主精神和创新精神。

（三）坚持创新创业教育全链条理念

创新创业教育应融入人才培养全过程，形成贯通学生每个学习阶段的整体链条。要从丰富课程、创新教法、强化师资等各环节同向发力，推进"学科专业一体建设、教学科研协同育人"，着力增强人才培养薄弱环节，持续深化人才培养模式改革与创新。高校还要着力完善创新创业项目从实训、培育到孵化转化的全链条实践平台体系和跟踪指导帮扶机制，推动更多创新创业项目转化落地，实现高校人才培养从就业从业教育到创新创业教育的转变，以创新引领创业、以创业带动就业，形成高质量创业就业的新局面。

（四）坚持创新创业教育全受益理念

创新创业教育应是面向全体师生，实现全体受益，不仅包括学生，还应有教师。创新创业教育应坚持面向全体、分类施教，满足不同创新创业意愿学生的多样化需求，确保每位学生都能接受创新创业教育，都有机会接受创新创业实践。要完善创新创业学分转换、创业扶持、成果认定等制度，扫除学生创新创业的后顾之忧，充分激发学生的创新创业热情，为未来发展打下坚实的基础。创新创业教育，教师是主体、是关键，因此，要积极调动教师开展创新创业教育的积极性，从评奖评优、职称评聘、考核评价等方面不断完善激励制度，让教师在创新创业教育中也能得到更好的自我发展。

二、建立完善创新创业课程体系

（一）明确创新创业教育的目标

实施创新创业教育，目的是希望受教育者得到什么转变呢？这是开展教育前首先要明确的问题，也是设置课程体系的重要依据。应用型本科院校是以培养高素质应用型人才为目标的，而社会对高素质人才创新性内涵要求越来越高，可见，作为应用型本科院校在制定创新创业教育课程时，应根据社会发展的要求，结合学科专业培养和学生身心发展的需求，以专业教育为基础，将创新创业教育融入学科教育和专业教育中，培养既精通专业，又具有创业创新能力，以及解决复杂的综合问题的人才。在制定课程时充分考虑学生的专业特性、思维特征、个性特征，同时，也应转变传统的授课方式，提升学生的课堂主动性和参与性，切实提升课堂效率。此外，创新创业教育还应具有国际化的眼光，设立的课程要与国际化发展、时代的进步和社会的发展相结合。

（二）建立多层次、立体化的课程体系

创新创业教育的实施需要通过课程体系这个核心环节来实现，应用型本科院校应将创新创业教育课程纳入大学生职业发展总体课程中，积极开展创新创业教育研究，探索教学新模式，并根据应用型本科院校的特点将课程分为理论课程和实践课程，建立多层次、立体化、全过程的课程体系。

理论课程方面，融合就业指导和职业生涯规划等课程内容，开设创新创业基础课程，将其纳入公共必修课，同时，开设"KAB（Know About Business）""SIYB（Start and Improve Your Business）"等专业度较高的培训课程；根据不同专业的特点和人才培养目标，将创新创业类课程与专业课程体系有机结合，鼓励开设如管理学、人力资源、财务管理、市场营销等选修课，部分特殊专业如市场营销、国际贸易等应将其纳入必修课。此外，还可以充分利用互联网，开通网络课程，以方便学生随时随地听课。

实践课程方面，低年级学生以开展基础层次的行业企业认知实践为主，如到企业参观、认知实习等，中高年级学生可以组织开展学科竞赛、创新创业计划大赛、创新创业技能培训等，毕业班学生则可以开展创新创业实战训练，入驻基地进行企业孵化等。

三、加快构建创新创业教育长效运行机制

（一）建立和完善创新创业教育管理平台

建立一个完善的创新创业教育管理平台是创新创业教育取得实效的充分保障。目前，应用型本科院校创新创业教育普遍存在的一个问题就是没有建立或没有一个完善的创新创业教育管理平台，致使全校上下没有形成一股合力。学校应该将创新创业教育工作纳入学校重要议事日程，建立起规范、科学、系统的管理平台。成立独立的创新创业教育研究部门，专门负责创新创业教育的实施与管理，如制定创新创业教育的实施方案，负责创新创业教育活动的组织、指导、督促、协调和管理。人事处、教务处、团委、学生处等职能部门和二级学院则负责组织实施小单元化的创新创业教育管理和服务工作，形成"多方参与"的创新创业教育协调机制，整合利用各部门教育资源，以保障创新创业教育工作的顺利实施，实现效果的最大化。

（二）完善创业教育教学管理评价机制

可以把创新创业教育列入高校教学水平评估的考核指标之一，从制度上确保高校创新创业课程的实施效果。在保证创新创业教育顺利开展的同时，高校应对创新创业课程的教学质量进行严格的督查，建立科学合理的创新创业课程教学质量评估体系，通过专家评价、教师互评、学生评教等形式对教师的教学态度、教学水平、教学方法和教学效果等方面进行全面评估。同时出台相应政策，将评估结果与教师绩效工资相挂钩，以提高教师对创新创业课程的重视程度，促使其不断改进教学方式，提高教学质量，保证教学效果及学生培养质量。

（三）加强师资队伍建设

创新创业教育是一门跨学科、跨领域的综合素质教育，涉及经济管理、工程技术、政府经济、创业投资、孵化管理等诸多领域，所以要求师资队伍的专业结构多元化。目前，我国大多数应用型本科院校并没有专门的创新创业教育师资队伍，师资力量的匮乏是制约创新创业教育发展的重要因素，构建一支"数量足、理论精、实践强"的创新创业教育师资队伍是应用型本科院校创新创业教育亟待解决的问题。

创新创业教育对教师跨专业、跨领域的要求比较高，大部分应用型本科院校并没有专职的创新创业教育教师，急需引进高素质的专职教师，但由于大部分应用型本科院校办

学经费不宽裕，教师的待遇不高，难以吸引优秀人才进校。对于这个问题，可以采取"外引内培"的手段。

第一，引进若干核心教师成立教学组，对全校创新创业课程进行规划、组织和效果考评。

第二，聘请校内相关专业教师承担"法律""经济""心理"等模块的专题教学。

第三，在校内选拔一批青年教师，对其进行创新创业教育知识技能、教学方法的专门培训，使他们熟练掌握创新创业教育的基本方法和技巧，成为学校创新创业教育工作的稳定力量。这样三管齐下，建立起一支专兼职结合、数量充足的创新创业教育教师队伍。

创新创业教育还需要教师具有较强的实践能力，因此还要注重加强"双师型"教师队伍的建设。可以从两方面入手，一方面，要有计划、有针对性地组织教师到对口企业挂职，学习企业的管理运作、产品研发、市场开拓等内容，体验创业过程，提高实践能力，培养既具有理论基础又具有实际创业创新能力的双师型教师。另一方面，从社会各界聘请企业家、企业中高层管理人员、成功校友、创业典型人物等来校兼职或讲座，为学生讲解创业经历，丰富创新创业教育实践体系。

四、产学研协同育人的实践教学

（一）完善协同育人的教育理念

首先，高校应该提高对学校和企业合作重要性的认识，把学校和企业的合作作为学校发展非常重要的问题来看待。其次，企业必须提高对学校和企业协同教育的重要性的意识：一是企业承担社会责任。企业与大学合作能够提高人才的培养质量，向社会提供行业急需的专业技能，为国家经济建设作出贡献是企业自身的社会责任；二是企业可以使用学校和企业的协同育人方案，调整企业和行业的人才培训方案，培养企业所需的具有高技能的人才；三是企业在人才培养过程中发现优秀人才，可以提前优先录用优秀人才。最后，相关政府部门也需要增强意识。政府应该认识到，学校和企业的协同教育不仅对高校教育的发展很重要，还关系到学生就业水平的改善和社会就业压力的缓和。政府应该采取有效措施，帮助高校和企业增强相关意识，促进学校和企业之间的紧密合作。

（二）搭建协同育人的教育平台

创新创业教育注重对大学生实践能力的培养，虽然它和其他的教育课程一样，更多的是以观念教育为主，但它最大的不同就在于创新创业教育本身很强的实践性。因此，需要多样的实践平台来实现创新创业教育。在实践教学中，可以在提升学生的创业能力、创业意识和创新精神的同时，让大学生深入了解创新创业教育，从而增强其针对性和实践性。因此搭建协同育人的教育平台，不仅能够让创新创业教育充分发挥其原有的价值，更能够调动政府、企业和高校等多方力量，为创新创业的发展提供更为广阔的舞台，让大学生通过实践环节对知识的应用，加深对专业知识的理解。创新创业课程虽然属于公共课程，但与专业知识和个人经验的结合能够促进大学生综合素质的进步，提高其解决现实问题的能力。

目前，创新创业教育实践课的主要是以加强创新创业技能训练为主，只是停留在操作和技能层面，缺乏实用系统的实用课程和良好的评价系统，无法有机地将理论课程与实践课程结合起来，而且缺少先进的教学方法和高品质的优秀教材。当前创新创业教育的实践体系还不完善，这主要是由于成功教育方法的不足，有限的资金和教师以及教育环境或设备导致课程无法达到预期的结果。因此，应该基于学校外实践基础的扩大、教育理论的渐进改善以及专业教育的紧密结合，以实现社会资源的进一步整合，为学生建立就业和创业的活动基地、创业园和创新基地，建立一个实用和系统的教育体系。

创新创业活动的一个重要实践平台——创新创业工作室，工作室的技术支持一般来自学校的教师，本行业资深的人士可以担任顾问的工作，学生也可以参与工作室的业务。这种模式下，工作室既可以帮助学生完成与教学相关的实训实习的任务，还可以让学生通过参与工作提高创新创业的综合能力，给日后创业打下基础。创新创业工作室一般都是在校外拥有专门的场所，学校在教学过程中进行理论知识的教育和思想品质的教育，学生承担参与和执行的角色。一般情况下，综合素质比较高的同学可能会被留在工作室继续进行创业活动，即使不能留下，在实验室中经历过创新创业实践的培训，也会对自己的职业生涯有更清晰的规划。

（三）丰富协同育人的教育内容

当前现有的人才培养方案，最需要补充的是学生毕业后初到社会所需的知识，如求职知识、面试知识和职场知识等。面对巨大的就业压力和严峻的就业形势，在大众创业的背景之下，高校需要帮助大学生提高与就业创新创业相关的知识和技能。当前高校开设的职业生涯规划和创新创业教育类的课程都采用统一的、通识性的教材，这种教材本身理论性较高，但缺乏和专业知识相结合的内容。而这样的问题都应及时地做出调整，新的人才培养方案必须针对原有的问题，积极调动企业的经营者和管理阶层以及技术工作人员向大学生传授就业知识以及创新创业的经验的主动性，以全面提高大学生的综合素质。

总之，培养的人才的质量关系到劳动者的素质，更关系到创新型国家的建设以及实现国家的现代化。高校必须在提高思想认识的基础上，更加在实质上助推校企协同育人的教育内容的改革，使校企协同走向深入，进而使学生的专业素质得到全面的提高。大学生创新创业的教育是一个系统化的教育，它包含多个维度和多个方面，但最重要的是，创新创业教育必须与大学生在校所学的专业课程结合起来，否则就会使创新创业教育失去光芒，变为空谈。对大学生进行的专业教育对创新创业的方向起到了决定性的作用。对于学习人文科学的人，是没有办法在理学或工程学专业方向进行创新创业的，与此相同的是一个学习理工科专业的人，也很难在社会科学领域取得创新创业的成就。因此，只有根据各自的优势和专业进行对应创新创业活动，才能真正使创新创业教育落到实处，并取得具体的成果，实现长远的发展。专业教育也可以在一定程度上对大学生创新创业的方法起到一定的作用。比如一些理工科专业，可以很好地把自己的所学与当下社会发展的需求结合起来，进行符合社会发展需要的创新创业活动。在机械、电子、计算机等领域发挥所长，有所创新，服务于社会。但是人文社科类的创新创业内容，除了进行文学创作、社会历史研究，还可以借助目前互联网的发展，运用自媒体的形式，将自己的所学传播给大众，并通过赚取流量的方式获得经济效益。

五、完善高校创新创业教育校企合作模式

简单来说，学校和企业一起来完成某一任务而进行的合作形式就被称为校企合作。这种培养方式更加注重教育质量，关注学生学习的实际情况，能够更好地整合现有资源，也能为创新创业教育提供更好的实践平台，实现企业与学校的互利双赢。

（一）校企合作下大学生创新创业教育的目标定位

1. 校企合作下大学生创新创业教育的宗旨

企业的教育的主旨是以学校里的行业为基础，以社会为背景对大学生进行教育。方式主要以培养为主，培养专业人员去适应时代更新的步伐，去意识到学生为主体，能力为其次的概念，在进行培养人才和学校、社会开展的活动中，通过这些活动去展现不同的优势，以此去促进企业和学校的发展。

2. 校企合作下大学生创新创业教育的功能定位

众所周知，大学生就业难，既有大学生的主观原因，也有客观原因。目前，高校教育具有全面大众性和开放性，高校毕业生已不再是稀缺人才。而作为校企的宗旨主要让学

生适应变成一个社会人的过程。企业主要以社会经济和社会发展展开调查，而学校主要负责根据这些材料开展对人才培养的训练。其次企业应该为学生提供技术设备，增强对大学生的实践能力，企业一方面可以为自身的资源扩张，另一方面也可以为学生提供就业更大的空间。

3. 校企合作下大学生创新创业教育的目标

在校企合作协下培养大学生的目标应该由学校和企业来共同完成。通过本次的合作，企业对员工的需求体现在本次校企合作中，由于国家和社会所需要的人才类型发生了改变，学生也要具有动手能力。由于能力成为新时代人才质量的焦点，所以本次校企合作应该为国家和企业培养他们具备创新意识。目前来看，大学生都是以普通本科生为主，普通的大学主要向社会提供应用型人才。因此，普通大学应和企业一同培养适应社会、适应企业需求、具有较强的实践能力的人才。以培养本科层次的人才为主，培养社会实践为次。因此，校企合作的目标是必须具有较强的实践能力、思考应用能力、运用知识能力和创新能力的复合型人才。

（二）校企共建创新创业教育过程

1. 校企教育资源共享

学生应主动探索自己的能力和发现自己的缺点，应主动去了解国家和社会的所需，应主动搭建校企培养模式和师生沟通的平台，校企共同培养专业型人才和职业型人才，并去实行校企教育资源共享。本次校企合作有利于两个方面：一方面是有利于满足企业对人才的需求，另一方面是有利于应用型高校对技术人员的研究在大学生创新创业上得到更好的经验与平台。学校与企业共同来打造的双赢方式，与此同时，这种方式可以培养双方的感情，而这种感情可以为社会提供人才，校企教育对社会公益也有着重大的导向。而资源共享也是企业和学校共同合作的一方面，企业以员工为基准，来要求学生去完成基准。其资源共享不仅只有这方面，还有企业和校方一同完成社会实验室。企业可以为学生投入先进的设备和技术，而学校则是利用本身的教学资本和师资力量，去和企业共同完成实现资源共享，社会实验室以培养学生能力为主，学生的兴趣为次。通过社会实验室可以让学生共同合作来体现出学生的优缺点，而这些优缺点足以让学生互补。

此外，企业还可以根据实验内容和面对的群体不同去建设不一样的实验室，建设的实验室可以分为低年级和高年级的学生，低年级学生主要实验为基础实验，开设的教育实践和一些普通的训练，通过一些基础实验可以让学生掌握一些常规知识与技能，高年级学生主要把基础训练综合起来，再根据各自的兴趣去学习一些课外知识。若低年级和高年级的综合能力、动手能力和学习能力较强的学生可以去尝试科学研究实验室，科学研究实验室主要向学生提供较完备的实验设备和半开放的实验环境。

综上所述，校企合作主要培养学生的创新思维，激发学生的兴趣，对于那些具有雄厚的师资能力的学校，企业可以提供实验室，学校来提供学生，这不亚于最有效的合作方式。但目前，实验室器材的更新、维护和保养中，很多高校已经逐渐不能跟上教学发展的速度，也无法满足社会对人才的需求。目前来看，应用型高校难以建立实验室平台，高校若一直依赖于落后的实验设备和员工的基准，会导致学生实践能力与社会连接不起来。所以要聚集社会的力量，以无偿服务和有偿服务去换取实验室的实训设备，而这种对企业和学生来说不亚于一种双方互赢模式。对大多数的企业来说，技术为主要的，其次是员工培训，为了产品质量和生产效率，要对设备在一定时间内进行维护和计提折旧，所以，企业要与高校达成以技术服务去换取实训设备，这种资源共享模式既解决了高校的设备问题，也解决了企业技术与企业对员工培训的问题。

2. 学校冠名

企业需要人才，高等院校可以与企业商定学生去学习实践的机会，让学生从中学习到一些技能，也可以充实自己的生活。其中，高校也可以让学生选择这个专业是否对口，这只对于有基础的学生，若一个学生没有基础，可以选择是否感兴趣，从而达到学校冠名企业，而这所被学校冠名的企业也成为这所学校的一小部分，如果想要让学校冠名的企业成为真正的企业，可以通过与企业之间的合作，或是通过劳动局法人分配来给学生分配任务。

高校应该明白教学的完善至关重要，作为学校的管理员，应该为实验室配置一名实验室负责人，实验室负责人主要负责老师和学生的分配工作，再根据学生的人数与管理员商量是否为学生分配助手，让学生互帮互助。理论在线上进行，而实践培训在线下进行。这样大大增加了培训的时间，同时也能满足社会上人才的需求，以学校冠名的企业是一个新主体，主要目的在于如何把实践与理论结合起来。对学生来说，实验室可以说是学校与企业的一条船，把企业与学校连接起来，实验室为学生提供一个学习企业内部的环境，学生通过自己的技能和动手操作能力将变成一个高水平的社会人，实验室在企业和学校的带领下，学生将会为企业完成任务，而对学校来说，在企业的帮助下为社会提供了所需的人才。

（三）建立校企合作助推大学生创新创业教育的机制

1. 建立校企合作对大学生创新创业教育的引导机制

对学校与企业来说，学校应该主动和企业一同为大学生创新教育制订计划。首先要先与企业、行业商定设立一个以企业、学校、行业三方为主的管理部门，管理学生目标、培训目的、招生等问题，并且根据如今的行业形势来开展培训会，学校主要负责提供能力较强的老师和学生。而企业只需规定订单数以及提供工厂，三方协商新产品的开发、研究成果的探讨以及新技术的应用。另外，在三方共同的协商下，企业的员工必要时对学生进行一定的技术和职业素养的培训，员工通过与学生的培训也能从中学习。

2. 建立校企合作对大学生创新创业管理与反馈机制

根据三方协商，通过企业来分配任务、员工来进行监督，员工与学校来进行管理，使学校与企业实现经济、资源上的增加，利益的互赢。学校主要以人才的提供与人才的发展为目的，学校为了配合企业要把资源最大化，并根据科学的方法去实施与反馈，也要掌握学生反映的问题，及时与企业沟通，保证校企合作能运行。

（四）改变合作双方的观念与文化

1. 校企认知观念转变

目前来看，校企合作态度比较积极，但是对企业来说是比较困难，原因在于企业和学校的理念不一样。企业永远把利益放在首位，但是大多数企业的员工职业素质不足，不能一上岗就完成这项工作，并且企业的传统观念是学校进行人才培养，与企业毫无关系，觉得参与校企活动对企业来说是一项重大的负担。而这一传统观念严重影响企业参与校企活动的动力。而大学以人才培养为根本目标，一小部分大学的传统观念认为培养人才仅仅是通过老师传授知识，因为观念不同才会导致校企双方缺乏动力，尽管有一小部分企业认为校企是很重要的，但是他们也不愿再花时间去培养。通过校企双方的合作得出结论：学校培养的人才总会走向社会，变成一个社会人，企业所看到的利润也会一步步为社会服务，既然学校与企业的目的都在于社会，那么企业就更应该和学校共同培养优秀的人才，从而培养出满意的社会人。

此外，企业更应该多和学校合作从而得到更多的收益，而学校培养社会的人才需要企业的帮助，而不是学校单方面的培养。学校应该帮助企业研发新产品的工作。因为学校无论从研发条件，还是人员配置上来看都是比较优越的。而且对学校来说，有着自身科研成果的收益，而这种收益是企业所需的。学校也可以为企业节约设备的费用，从而提高人才的培养成本，这一点对于企业和学校都是双赢，这样还可以为学生提供一个从未有的技能实践和培训模式。所以，企业和学校必须转换原有的传统观念，要意识到人才培养是重要的。

2. 融合校企文化

每一所大学取得成功和培养出社会所需人才的关键在于大学的教育力、学生的创造力和老师的影响力，这也体现着大学教育的灵魂。每一所大学在着手去办的时候都会重视大学的建设，随着时间的流逝，最初的建设也会变成文化积淀。大学文化不仅是在外表，它还要通过被外界和在校的全体成员认同，而一所大学也要有一种自己所有的精神，而这种精神并非在有形的物品上展现出来的一种，这种精神具有一种认同性，属于社会文化里的一部分，企业也和学校一样，也有着文化的一部分，那就是企业文化。但是企业文化与大学文化略有不同，企业文化有一种独特的风格；企业更多强调的是利益和未来的走向，因为企业的侧重点不同，所以造成了企业文化也是根据利益与未来走向来规划与建设，企业管理者将职业文化应用于企业，解决现在企业中员工存在的问题，所以有了企业文化这一说法。同时企业文化也要让全体员工认同，而企业文化是企业的经营准则，是企业在发展过程中形成的一种观念。虽然企业以追求利益为主，但是应该把有着丰富创造性的人作为工作的重点。

企业与学校的文化有着很多的共同点，校园文化在不同程度上受企业、经济为背景的发展的影响，这一点对于一些高校比较突出，在如今，今天的员工是昨日的学生。而对现在这个更新的社会来说，作为企业的员工也要去学习，才能不被社会淘汰，由此可知，大学文化与企业文化可以完美地衔接在一起，既可以使学生提前进入社会，也可以让员工充实自己。

第三节 新时代大学生网络创业的思考

随着信息化社会的发展和国民教育水平的提高，高校毕业生群体就业问题凸显，网络就业及创业成为大学生就业和创造就业岗位的重要形式。网络创业就业指的是在互联网经济和电子商务的环境下，以互联网技术和信息媒介为手段，进行创业和就业的社会活动。网络创业和就业人员包括创业者、创业者雇佣的工作人员以及网络创业经营链条中带动的间接从业者。当前电子商务、大数据及新媒体技术蓬勃发展，大学生具备专业知识和技术、懂得创新、思想活跃，在网络创业就业中有其自身优势。大学生自身素质和外部资源的保障都是就业和创业成功的影响因素，构建良好的支持系统，为创业就业者提供可持续的教育培训和完善的外部资源保障意义重大。

一、大学生网络创业的特点及主要形式

（一）大学生网络创业的特点

1. 网络创业门槛较低

大学生网络创业在资金、经验、人员、风险等方面的限制条件相对较少，硬件设施上通常是只需一台服务器和一个后台支持的数据库，软件方面则是要求创业者热爱网络、熟悉网络，并能够正确认识与应用网络。只要具备这些简单的条件，大学生就可以开展网络创业，将自身独特的经营理念、思维和营销策略应用于网络，通过网络平台实现创业梦想。

2. 网络创业的多元化选择

大学生在接受校园教育的同时，也处在一个知识密集、人才密集的网络创业环境中，网络创业为拥有不同创业梦想的大学生提供不同的思路，这种环境使大学生网络创业呈现出多元化趋势，无论是在技术开发与应用方面，还是在创业产品推广与服务方式方面，都表现出灵活多样的特征，特别是在经营方式方面，大学生网络创业包含了创办网站、网上开店和网上自由职业活动等多元化形式。因此，网络创业以其鲜明的自主性，以及时间、地点选择的灵活性特征，受到大学生创业者的普遍认可，并使大学生网络创业呈现出多元化的选择局面。

3. 网络创业前景广阔

随着互联网技术的不断改进与完善，电子商务成为一种重要的商业模式。相关统计数据显示，我国网上支付、网络购物和网上银行半年用户增长率都超过30%。在人们的生活节奏不断加快的前提下，网络购物与消费以其便捷性、快速性等特征受到人们的青睐。而且，近些年网络渗透范围开始从低龄群体向中高龄群体发展。由此可见，互联网发展潜力巨大，网络创业前景十分广阔。

（二）大学生网络创业的主要形式

电子商务作为随着互联网的发展而产生的行业，与传统实体市场存在很大的不同，利用电子商务手段进行网络创业需要从业者具备一定的市场敏感性、建设网站、市场推广等能力。按照市场细分的营销策略，确定目标市场进行创业是能否取得创业成功的首要因素。网络创业的市场空间巨大，不同行业门槛千差万别，选对创业目标，发挥互联网资源，确定合理营销是进行成功创业的保证。目前大学生电子商务创业模式主要有以下两种。

1. B2C 模式

B2C 模式是创业者通过物联网为消费者提供一个购物平台，它一般以零售业为主，属于在线销售，当当网、京东商城、天猫等网站属于这种模式。当前部分大学毕业生创业时将实体企业与电子商务同时运营，在经营个体企业的同时发展网上业务，或者与相关企业合作，通过网络进行销售产品盈利。这种模式依据顾客需求的差异性、相似性，根据电子商务企业的现有资源，按照消费者的消费习惯与消费需求把电子商务企业的总体市场划分成若干个具有不同特征的子市场，把这些处于同一细分市场的消费群称为创业目标消费群。

2. C2C 模式

大学毕业生 C2C 创业主要是依托电子商务平台，通过网络平台提供的网络基础和技术支持进行创业。据相关的调查数据，采用 C2C 模式进行创业的大学生中，网络创业项目主要集中在淘宝店铺，淘宝平台以近 80% 的比重遥遥领先，其他占 20% 左右。由此可以看出，淘宝平台是大部分学生 C2C 模式创业的选择，其中还包含在校大学生。

二、大学生网络创业存在的问题

（一）大学生网络创业资金不足

据调查可知，选择创业的大学生中，大多数家庭经济状况一般，这部分学生的创业资金来自家庭供给的生活费和学费，加之一些家长的担心，不愿让大学生过早接触社会，或者是担心大学生缺少社会经验而被骗，所以不支持大学生创业。为满足创业资金需求，大学生不得不向身边的朋友、同学等筹借资金进行创业，而这部分资金也是十分有限的。资金不足限制了大学生网络创业的规模和形式，他们只能选择一些简单的网络创业模式，并最终也会因为资金周转问题而创业失败。

（二）大学生网络创业的技能和资源匮乏

我国大学生的创业教育起步较晚，尽管一些高校已经开设创业课程，但由于缺少先进理论及实践的指导，并未达到预期的效果。从大学生创业者自身来看，由于他们多数是从书本上来认识网络创业，知识面较窄而不能理性地去看待创业的重要性，也无法从实际出发做出符合自身实际需求及社会发展需求的创业计划。同时，大多数学生还缺乏相应社会资源和行业内资源，如人际资源、货品资源、信息资源等，这些重要资源的不足也是阻碍他们成功创业的重要因素，是他们进行网络创业面临的重要问题。

（三）大学生网络创业环境问题

目前，我国网络经济、电子商务的发展还未成熟，网络交易信用问题依然突出，针对网络创业及电子商务的相关法律法规还不够完善，并未为大学生网络创业提供良好的政策法规环境和社会文化心理条件。国内各企业及电子商务运营商各自为营的现状，存在着产品信息不规范、不共享的现象，进而导致假冒伪劣产品在网络营销中盛行。同时，当前网络商业欺诈依然存在，这些都影响了大学生对网络创业的热情及网络创业的成功率。

三、大学生网络创业关键因素

大学生进行网络创业的热情高涨，基本的技术能够具备，但缺少创业者需要拥有的创业意识、把握机遇能力、整合资源能力、管理能力及面对挫折和磨难时的精神和意志等，这些素质是大学生创业能够取得成功的关键。

（一）培育创业意识与职业规划习惯

创业意识是网络创业的想法起点，拥有创业想法并付诸行动需要科学的设计和长远的规划。大学生在创业知识方面进行自主积累，有意识培养自己的创业梦想。因此，对于大学生创业观念的教育，高校也要摒弃长期以来由应试教育带来的消极等待、被动接受、盲目服从等思想意识，培养大学生自立自强的自主意识和创新精神，允许学生的个性充分发展，激发其内在的创业灵感和创业激情。

网络创业已经成为一种行之有效的创业方向，高校管理者要积极引导大学生对电子商务的认知，促进其良性发展。结合学生自身的职业发展，将创业的各项活动和事务落到实处，才能最终使创业项目具有可行性和可操作性，也才可能取得创业之初的成功。

（二）强化网络创业技能

大学生普遍缺乏创业知识和实践经验，大学生进行网络创业，不能空有热情，缺乏对创业的预判。网络创业的成功是很多元素综合作用的结果，具备全面的网络创业知识、积累丰富的创业经验、拥有一定的创业资金和场地等都是网络创业的基本要素。电子商务的迅速发展，促使大学生要用最前沿的理论与技能武装自己，目前大学教育中的网络创业理论知识往往跟不上市场发展的速度。

在理论上，需要通过教师对学生讲授与网上创业相关的理财、经济学、管理学、营销策划和相关法律政策等知识，使大学生掌握基本的网络创业技能；在实践上，大学生要充分利用校园周边资源，有效地进行假期社会实践增强自己对电子商务网络创业的理解。同时，学校可以通过让学生参与网络创业竞赛、顶岗实习、校企联合培养等途径，锻炼大学生的网络创业能力。

除此之外，学校还应该有计划地为大学生创业提供法律、工商、税务、人事代理等方面的创业服务和咨询，为大学生网络创业提供强有力的保障。

（三）创建优良网络创业氛围

第一，正确的网络创业观念是网络创业成功的前提。电子商务网络创业作为创业的新方式缺乏社会认同。因此，在全社会内普及网络创业观念势在必行，宣传网络创业的可行性，降低大学生创业者的心理压力，使他们认可网络创业是一种创业方式，它依托网络平台，架构网络企业、商家和顾客。网络创业工作与其他工作一样，为社会提供商品或服务，是一种新型的工作模式。高校教育者、社会学家和政府部门应该在社会各个层面宣传网络创业的正确观念，科学判定网络创业行为，树立典型案例，为大学生网络创业营造良好的观念和氛围。

第二，健全网络创业的法律法规。我国的电子商务方面的法律、法规和制度尚待完善，在维护良好的网络经营环境、为大学生网络创业提供公平、有序的网络竞争环境等方面还很欠缺，需要各级政府、相关部门进一步强化相关法律的保障力度。同时国家、地方政府应继续出台大学生网络创业扶持政策，为创业的大学生提供各方面的政策支持。

第三，提高大学生创业素养。一个良好的社会环境能够直接有效地促进大学生创业素养的提升。虽然目前已经有很多大学生成为电子商务创业团队中一员，但随着一部分大学生网络创业的失败，让社会某些人对大学生网络创业的可行性产生质疑，这给大学生创业造成了巨大的心理压力和阻碍。因此，要积极引导社会以平和健康的心态看待大学生创业。在高校、社会中增加对大学生创业能力和素养提升的课程、实践技能培训，为大学生创业者提供支持与帮助。

四、网络创业就业支持系统设计

(一) 系统设计思路

创业就业支持系统是创业和就业者需要的所有功能和支持主体构成的社会系统,其构建需要政府、高校、社会等各方的有力支持,各支持板块要充分发挥各自的作用并保障创业就业的良性发展。大学生自身的特质、通过教育获得的知识技能储备以及网络经济环境下敏感的商业嗅觉等都是创业和就业成功的强大内因;政策的扶持、持续的教育提升机制和社会资源的支持等都是创业和就业成功的外在推动力。自身素质提升和外部资源保障是大学生网络创业就业的关键影响因素,根据就业创业者的实际需求,研究大学生网络创业就业支持系统的构建及系统中各支持板块的作用。

(二) 系统设计总体框架

从网络就业创业者的教育培训需求和外部资源保障需求出发,构建一个以政府扶持板块、高校教育板块和社会服务板块为支撑的支持系统,通过建立创业就业教育服务平台,为创业就业者提供从校园到社会持续的教育培训和完善的外部资源保障,提升大学生网络创业和网络就业的成功率。

高校通过开展创业就业教育、开展企业和社会实践、创建创业孵化园和提供创新创业奖学金等形式构成支持系统中的高校教育板块;政府通过税费减免、信贷支持、组织培训和社会保障等形式构成支持系统中的政府扶持板块;社会机构、优势企业等通过资金扶持、信息服务、提供社会资源等形式构成支持系统中的社会服务板块。基于网络创业就业的特点,整合高校、政府、社会三方的优势资源,建立创业就业服务平台,实现人际资源、信息资源、社会资源的共享。为创业就业者提供素质提升教育培训,通过资源整合为网络就业和创业提供有效的外部资源保障。另外,大学生网络创业的发展也会带动其他社会劳动者的网络就业和间接就业。

五、网络创业就业支持系统运行

(一) 政府扶持板块保障完善

政府的政策扶持作用体现在法律保障、税费减免、担保贷款、搭建平台等方面,政府扶持板块在整个支持系统中起到主导和系统协调的作用。

第一，政府要建立一套健全的政策支持体系，并能够严格落实。除了国家的就业创业扶持方面的宏观政策，各地方政府还应根据实际情况制订相应的实施方案保证政策的落地，明确具体政策的实施部门、简化流程、提高效率，形成政策的长效机制。

第二，作为支持系统中的主导，要承担协调高校教育板块和社会服务板块的功能，推动系统的运行。统筹高校的优秀教育资源，发挥教育培训功能，使毕业生和社会劳动者能够获得持续的教育和提升。统筹社会资源，引导企业、社会机构等通过投资、技术支持、信息服务等形式参与就业创业扶持。

第三，完善网络就业创业者相关的社会保障。完善网络就业创业者的统计制度，明确认定标准和程序，使其享受社会保险、失业保障等社会保障。出台相关的工商管理办法、档案管理、户籍管理等制度，为网络就业创业人员提供保障。

第四，政府主导组织建立创业就业服务平台，发挥平台的枢纽作用，实现人才的管理、信息资源的共享。

（二）高校教育板块优势凸显

高校担负着专业技能教育、创新创业能力教育和素质培养的重任，在网络创业就业支持系统中承担着主要的教育培训功能。

第一，高校在专业人才培养中应注重学生的专业实践能力训练和职业素质的培养，根据专业人才需求设置专业课程体系，扎实的专业能力是学生就业创业的基础。

第二，高校要建立系统的创业就业教育培训体系，合理设置创新创业和就业指导类课程，并将职业能力培养融入专业课程体系中，将学生就业和创业能力培养作为教育的目标。

第三，开放校企合作，通过校企共建实践基地、行业企业导师进课堂、学生到企业实践等形式实现学生的实践技能和职业能力培养。

第四，通过创建创业孵化园、设置创新创业奖学金、开展创新创业竞赛等形式鼓励在校生创业。

第五，提升高校教师的实践能力和创新能力，鼓励教师发挥专业优势参与社会培训和企业服务。建立优秀的创业指导导师团队为在校生创业提供指导、帮助和资源协调等。

（三）社会服务板块支持有力

社会服务板块对就业创业的支持主要体现在社会机构和企业的资金扶持、信息服务、资源对接等方面，同时，积极开放的社会氛围也对网络创业和就业起到促进作用。

第一，社会上的金融机构和优势企业通过投资、融资、合作等形式为网络创业者提供资金支持，解决创业者资金缺乏的困境。创业团队成功后，可转化为系统内的社会企业参与到后续的创业项目的帮扶中，形成系统的良性发展。

第二，社会团体、社会机构、企业向网络就业创业者提供信息咨询、技术支持、资源对接等帮助，或者以技术、设备、场地、营销等形式和创业者合作。

第三，行业或者企业中的专家加入培训师资库，以企业导师的形式参与在校生的实践教学和职业素质教育，参与到社会培训中，为就业创业者提供后续的教育培训。

第四，通过企业、团体、机构、媒体等社会各界的共同努力推动，逐步形成对网络创业和就业的认可，营造积极向上、崇尚奋斗、鼓励创业、开放包容的社会环境。

（四）创业就业教育服务平台运行高效

通过建立创业就业教育服务平台，实现政府扶持板块、高校教育板块和社会服务板块的系统协调、功能对接、资源整合和信息共享。由政府主导，明确管理部门，建立管理信息平台，发挥宣传、组织、管理等功能。

第一，实现信息的管理。通过创业就业教育服务平台对就业创业者、高校、企业等进行管理，方便政策的传达、信息资源的共享。

第二，整合教育资源，对创业就业者进行素质提升教育培训。整合高校的教师、行业专家以及企业优秀管理者等资源，以平台为依托开展线上或线下的技能培训、就业指导、创业辅导等。

第三，实现信息的共享和资源的对接。创业者往往有创新的项目和团队，但是缺乏资金、场地、管理经验，通过信息平台可实现创业团队与企业或机构的对接。企业会有成熟的行业经验、市场资源，也会有人才需求，毕业生可通过信息平台获得信息，实现和企业的对接。

第四，政府、高校、企业、机构等在创业就业平台中各自发挥不同的作用，各功能板块协调运作。系统中的就业者获得就业机会；创业者获得信息、资源，创业成功者可转变角色，为后续的创业就业者提供帮扶；企业或组织机构通过融资、合作等形式对创业者进行了帮助，同时可实现经济效益、提升自身的社会影响。

参考文献

[1] 蔡静俏. 高校学生就业与创新创业研究与应用[M]. 北京：现代出版社，2022.

[2] 闵杰. 当代大学生就业指导与职业生涯规划[M]. 长春：吉林大学出版社，2020.

[3] 陈飞. 新时代大学生就业指导课程思政版[M]. 厦门：厦门大学出版社，2020.

[4] 鲍晓娜. 新发展格局下大学生就业能力研究[M]. 北京：中国纺织出版社有限公司，2021.

[5] 胡东亮，迟昊婷，师帅. 大学生就业指导与创业教育研究[M]. 北京：研究出版社，2023.

[6] 陶德胜，周萍. 大学生职业生涯规划与就业创业指导 第4版[M]. 苏州：苏州大学出版社，2023.

[7] 朱晓艳，胡鹤泷，梁阿妮. 新时期大学生就业创业能力提升策略探究[M]. 北京：线装书局，2023.

[8] 赵子童. 当代大学生就业指导与创业教育研究[M]. 长春：吉林大学出版社，2020.

[9] 陈卓武. 大学生生涯规划与就业创业能力提升[M]. 北京：高等教育出版社，2022.

[10] 赵杨. 创新创业实践与应用型高校人才培养研究[M]. 北京：中国纺织出版社有限公司，2022.

[11] 秦琦. 高校大学生职业规划与就业能力提升[M]. 北京：中国商业出版社，2023.

[12] 邓峰著. 基于创新思维的大学生创新创业能力培养研究[M]. 北京：北京工业大学出版社，2022.

[13] 李俊红，杨明. 高等教育管理研究与大学生就业创业能力培养[M]. 哈尔滨：哈尔滨出版社，2020.

[14] 苗青. 全球治理时代高校人才培养研究[M]. 北京：光明日报出版社，2023.

[15] 焦成芳. 新时代背景下高校毕业生社会流动研究[M]. 南京：东南大学出版社，2022.

[16] 梁金辉. 经济新常态下工科大学生就业能力研究[M]. 北京：北京理工大学出版社，

2020.

[17] 曾平江，陈银.新时代背景下高校大学生就业能力培养研究[M].长春：吉林大学出版社，2021.

[18] 仲诚，张斌，丛玉龙.大学生就业及创业能力培养研究[M].延吉：延边大学出版社，2023.

[19] 杨雪琴，朱佳艺.大学生就业创业核心能力培养实务[M].南京：南京大学出版社，2020.

[20] 付宝森.规划未来 大学生体验式生涯发展与规划[M].沈阳：辽宁人民出版社，2023.

[21] 张晓蕊，朱望东，马晓娣.大学生就业指导[M].北京：北京理工大学出版社，2022.

[22] 杨莉，陶莎莎，王文棣.大学生就业心理透视[M].北京：现代出版社，2020.